Ediciones Satori

悟り

CAGADAS DE CHILE

Diccionario de
CAGADAS DE CHILE

Emilio Rivano

Ediciones Satori

悟
り

© Emilio Rivano, 2014
Diccionario de Cagadas de Chile
CreateSpace, Amazon
ISBN-13: 978-1502321695
Edición de María Francisca Cornejo y Emilio Rivano

Arte de la Portada: Jerónimo Bosch (El Bosco), *La
Ascensión al Empíreo*,
Palacio Ducal de Venecia, Dominio Público

Ediciones Satori

 edicionessatori@gmail.com

"No piensen que he venido a dejar las cosas tranquilas y como están. Yo no he venido a apaciguar, sino a dejar la cagada..." (Mateo, 13:34)

Esta es palabra de Dios

Mundos fingidos

Debería ser superfluo, pero no lo es en los fabulosos medios académicos e intelectuales chilenos: Más allá de su valor pedagógico y bucólico para la consulta puntual, la indagación panorámica, la didáctica de la lengua, la auto-mirada, la reflexión, la distracción y la digestión, las entradas que siguen son artefactos culturales que interesan en los campos de la lingüística, la antropología, la sociología y la filosofía. Como en otros diccionarios, anoto aquí productos cristalizados y característicos, cada uno, un complejo de máquinas conceptuales y sociales de fino, sostenido y alto rendimiento en nuestras vidas.

Índice

Notas	*i*
andar más cagado	3
andar puro cagándola	5
bolsa de caca	7
caca$_1$	9
caca$_2$	12
cagada$_1$	14
cagada$_2$	17
cagada$_3$	20
cagadero	22
cagado$_1$	25
cagado$_2$	27
cagado$_3$	30
cagado de	32
cagado de adentro	34
cagado de la risa$_1$	36
cagado de la risa$_2$	38
cagado de miedo	40
cagado de susto	42
cagado en	44
cagado en plata	46
cagado por dentro	48
cagando$_1$	50
cagando$_2$	52
cagando que sí	54
cagaonda	56
cagar$_1$	58
cagar$_2$	60
cagar$_3$ (cagarse)	62
cagar$_4$ (cagarse)	64

cagar a la primera	66
cagar de un viaje	68
cagar la onda	70
cagar no más	72
cagarla$_1$	74
cagarla$_2$	77
cagarla para	80
cagarle el panizo	82
cagarse$_1$	84
cagarse$_2$	86
cagarse con	88
cagarse de	90
cagarse de angustia	92
cagarse de calor	94
cagarse de frío	96
cagarse de la risa$_1$	98
cagarse de la risa$_2$	100
cagarse de miedo	103
cagarse de susto	105
cagarse en	107
cagarse en dos tiempos	109
cagarse en el mundo	111
cagarse en la diferencia	113
cagarse en los pantalones	115
cagarse en todo	117
cagarse entero	119
cagarse todo	121
cagazo	123
cago de	125
cagón$_1$	127
cagón$_2$	129
cagón$_3$	131

cagón[4]   133
cague quien cague   135
dejar la cagada[1]   138
dejar la cagada[2]   140
entrar a cagarla   142
estar cagado   145
estar la cagada   147
estar pa' la cagada   149
hacer caca   151
hacer cagar   153
hacer puras cagadas   155
la cagada   157
ley de Moraga, el que caga, caga   159
mansa cagadita   162
más cagado que la chucha   164
más cagado que... *palo de gallinero*   167
ni cagando   170
no hacer más que comer y cagar   172
no se caga donde se come   174
pa' la cagada   177
puro cagarla   179
quedar la cagada   181
quedar pa' la cagada   183
sacar cagando   185
salir cagando   187
si te acuestas con guaguas,   189
amaneces cagado
tener ganas de cagar / dar ganas de   192
cagar
tener la boca llena de caca   194
tener la cagada   196

todo cagado   198
todo cagón   200

Notas

Sobre este diccionario

El diseño lexicográfico de este registro es simple. Cada entrada contiene una lista de sinónimos y frases definitorias que enseñan su significado. Una aclaración adicional puede aparecer en párrafo seguido. Luego, en cursivas, viene un comentario humorístico que aplica la entrada del caso o elabora sobre su idea. Finalmente, una serie de usos ilustran el vocablo en vivo, dando así también cuenta de su régimen.

Lo que aquí se presenta son derivaciones con base *cagar*, incluyéndose también el origen etimológico de la base, a saber, *caca*. El criterio de selección es el objeto léxico. Es decir, la entrada es, en términos técnicos, una palabra (simple o compuesta), un elemento estable del vocabulario común chileno, con significado y distribución propios. Se han agregado también algunos dichos que involucran la base y que son de uso corriente.

Flora léxica

Saludable es que llame nuestra atención la extensa flora léxica que brota de una simple raíz como *cagar*. He dictado y escrito sobre los circuitos lingüísticos y otros que permiten la arraigada, variada y sabrosa cosecha que, de escueta semilla, germina en el suelo fértil de nuestras comunidades, "cual cien a una". Tales mecanismos explican, por ejemplo, cómo a partir de esta sola excrecencia se produzcan significados tan contrapuestos como "despreciar" y "admirar", "arruinar" y "lucir", "avaricia" y "abundancia", "desinterés" y "escándalo", "afirmación" y "abandono", "aceptación" y "rechazo", por nombrar algunas antípodas que se originan de este grano. Sobre la ingeniería detrás de estos mecanismos, no podemos tratar en estos párrafos, pero sí podemos ilustrar, con algún ejemplo simple, indicando el tipo de computaciones que demanda.

Una expresión como "cagando" en un contexto de respuesta a requerimiento, suele significar en chileno actual "por supuesto", "no faltaba más", "claro que sí", etc., y suele justamente acompañarse de un "sí":

—Compadre, ¿usted podría cuidarme los perros mientras voy a buscar a los niños?

—Cagando que sí, poh, compadre. Déjemelos no más, que yo se los cuido.

Paradójicamente, la misma expresión, "cagando", puede emplearse en el mismo contexto de requerimiento pero significar lo contrario, es decir, "de ninguna manera", "absolutamente no", "claro que no", para lo cual se acompaña regularmente de un "ni":

—Compadre, ¿usted podría cuidarme los perros mientras voy a buscar a los niños?

—Ni cagando, compadre. Esos pit-bull asustan a mi señora; así es que rotundamente no.

¿Cómo han crecido estos dos significados opuestos a partir de una misma semilla y en un mismo suelo?

Lo que tenemos en el primer caso es una derivación de "por supuesto" a partir de "inmediatamente". Es decir, se ha extraído el "sí" que hay en "inmediatamente", que es un significado anterior en la derivación. "Inmediatamente", por su parte, se obtiene de una escena de apuro digestivo.

Deriva de un "cagando" relativamente literal, en una secuencia en la que el sujeto debe apresurarse con afirmativa urgencia al retrete porque evacúa. De modo que de esa escena-tipo (u otra análoga) se produce el significado de "inmediatamente", "con prontitud", "con celeridad", etc. Y de ese significado, como se ha dicho, se produce el "sí" que vemos en el primer intercambio ilustrativo.

En el segundo caso, tenemos un "no". Lo derivamos del significado también de relativa literalidad de "en condición de total exposición e indefensión" que se produce en una escena en la que el sujeto está defecando y es allí requerido. En este estado vergonzosamente desguarnecido el requerimiento de otro se impone y no puede negarse, no puede ser rechazado. El "ni cagando", entonces, expresa que ni siquiera en esa condición de arrinconamiento, impotencia, desnudez y humillación se accedería al requerimiento. Es un no categórico como el que más.

***

Y ahora a esta muestra de cagadas de Chile, el nombre que le damos a las

palabras que crecen de esa pepita de caca
sembrada en el fértil suelo del
pensamiento cotidiano y popular,
palabras que forman el habla de una
comunidad, cuyos secretos nacen y yacen
sencillos y naturales en el alma de la
gente –que sí tiene oídos para oír y
lengua para hablar.

DICCIONARIO

DE

CAGADAS DE CHILE

andar más cagado

Estar muy mal; pasar por un muy mal momento; estar en dificultades; estar con problemas; padecer estrechez económica.

Es en su forma un comparativo, pero va sin el término de comparación, ni lo implica. Su significado es absoluto, su modalidad, en general, exclamativa. Es frecuente este uso de "más" como "muy" en otras expresiones, intensificador que aplica a todo tipo de atributos (e.g. "estai más tonto", "estai más huevón", "quedó más seco", "dejaron más sucio", "salió más inteligente", "amaneció más nublado", "lo encuentro más guapo", "es más rica")

¡Con la globalización el tercer mundo anda más cagado! Queda sentado muy lejos de la mesa de

cumpleaños. No le toca na' de torta. Ni un globito siquiera.

Usos:

"¡Ando más cagado! Ayer me cortaron la luz y estamos a medio mes y no tengo ni con qué pagar esa cuenta."

"–¿Cómo está compadre? –No sabí' na'. Ando más cagado. Me sacaron a remate la casa, huevón."

"Con esta sequía, ¡estamos más cagados en el campo!"

"Se nos quemó el galpón. ¡Cacha la cagadita! ¡Vamos a andar más cagados estos meses!"

"–Después del terremoto del 2010, la ciudad de Concepción anduvo más cagada. –Y antes también."

"Con el dólar así de bajo, ¡vamos a andar más cagados este año los fruteros!"

andar puro cagándola

Cometer error tras error; fallar repetidas veces; causar quebrantos; estropearlo todo; no atinar; entorpecer el funcionamiento; arruinar las cosas.

Hay gente que anda puro cagándola todo el tiempo... y allá van otros detrás limpiándoles el trasero.

Usos:

"Oye, la nana anda puro cagándola, poh. Primero le echa agua al parquet y ahora me tiñó las camisas con cloro."

"Mi amor, dígale a los pendejos que no se metan en mi escritorio, mire que no encuentro nada después. Andan puro cagándola esos chiquillos de mierda."

"Tu primito la anda puro cagando en la empresa. Llega atrasado, no se aprende las rutinas que tenemos en Abastecimiento, se le ve con su iPhone hueviando todo el día... Yo cacho que si no se pone las pilas voy a tener que echarlo."

"Primero los zapallos, que se fueron a la chucha por las lluvias. Después el proyecto ese de la semilla orgánica certificada, que más lo que hueviamos y al final salimos pa'trás. Luego el ganado wagyú, que no da ganancia. Compadre, andamos puro cagándola en el campo."

"Déjate de gastar plata en drogas. La andai puro cagando con eso."

bolsa de caca

Sujeto insoportable; persona insufrible; fastidioso; plomo; pesado.

Se usa muchas veces no como insulto, sino con sarcasmo. Es de mediana difusión.

De muy fácil captación es esta figuración.

Usos:

"No seas bolsa de caca, por favor, Andrés. Deja de hinchar las pelotas con tus comentarios políticos. ¿No ves que estamos amenizando en torno a un pisco sour?"

"Llegó el bolsa de caca del Lorenzo. Yo me voy."

"¿Y has visto al bolsa de caca del Alberto?"

"—¡Puta la huevona pesada esa de la Nancha! Me cae como las huevas. —Es bien bolsa de caca la mina esa, la verdad."

"¡Menos mal que mi hija no sigue pololeando con el bolsa de caca ese del Miguel!"

Caca₁

Excremento humano; mierda; evacuación; deposición; defecación; plasta de la defecación.

Es el origen etimológico de todas las cagadas que el lector tiene por delante, médula indoeuropea que a lo largo de milenios se expande incólume por las lenguas y rincones del mundo.

Por otro lado, bien cabe decirse que estamos ante el fin, el resultado, el desenlace de todo −el objeto propio de la escatología.

Deberíamos enseñarles desde muy temprano a nuestros niños: Allí donde hay vida, hay caca. (La viceversa ya se sabe.)

También podría decirse: La caca es la esencia de la existencia.

Lo primero que los marcianos preguntaron al llegar a la Tierra fue: ¿Qué hacen con su caca? Y al conocer que la botábamos, rieron, se subieron al platillo volador y nunca más volvieron.

Usos:

"Nunca tiran la cadena y siempre hay caca ahí en el baño."

"Hay olor a caca. ¿No te parece?"

"¡Mierda!, pisé caca de perro."

"Es curioso como soportamos románticamente el olor de la caca de caballo, mucho menos así la de perro, y absolutamente no la humana."

"–¡Mami, mami: mira el castillo de barro que hice, mami! –Pero, Pedrito, ¡cómo se le ocurre jugar con caca, niño!"

"–Un amigo mío decía "caca" cada vez que algo no funcionaba. –

Menos mal que no hacía caca cada vez."

Caca$_2$

Nada; no se logró; nunca ocurrió; no sirvió; sin curso; fútil; malogrado; banal; trivial; huero.

Se emplea como expresión de fracaso, de no-curso, de disfunción, de término frustrado. Es un uso medianamente difundido.

¿En qué quedó eso de hacer de Chile la copia feliz del Edén? ¿En caca?

Usos:

"–Oye, ¿qué pasó con los paneles solares que ibas a instalar en la casa de playa? –Caca."

"–¿Y esa reforma educacional de los 90? –Caca. Era pésima. Paja molida. Valía hongo."

"–Y el proyecto de investigación ese que ibas a hacer, ¿qué pasó? – Caca."

"–¿Y qué tal las ciclovías en Santiago? –Caca. Valen callampa."

"–Y el plan de reducir el smog y la contaminación acústica de Santiago, ¿en qué quedó? –Caca."

"–En las municipalidades, en los ministerios, en las reparticiones públicas, en el congreso, en el Gobierno de Chile estamos trabajando para que usted no diga *caca*. –Caca."

"Dice el Predicador de Jerusalén: Caca, todo es caca. ¿Para qué, entonces, molestarse tanto en comer y cagar?"

Cagada[1]

Depósito cuantioso de excremento; plasta exuberante de caca u otra substancia; caca; mierda; evacuación; deposición; acto de defecar.

La comida es el anverso, la cagada es el reverso, ambas, partes esenciales de un mismo asunto. Los que agarran micrófono y se ponen a dirigir la manada niegan sistemáticamente el reverso, lo que les es muy cómodo y conveniente y explica que no haya papel higiénico en los baños de nuestras escuelas, ni baños en los otros corrales.

No ocurre así con los médicos, que tratan con todo el animal, pero no logran mayor impacto socio-cultural en nuestra híper-drogada-de-anverso sociedad. Los ingleses son practicantes enfermizos del anverso, bicho maldito que también se nos pegó en Chile.

La poesía te habla del caldillo de congrio. La anti-poesía, del banquete de las moscas.

Donde puedas, tírale mierda al palabrero. Saca de ahí mismo, de esa cagada que debió él limpiar, pero te la dejó en el suelo.

Usos:

"A usted, conscripto Pérez, le va a tocar limpiar la cagada que dejan los caballos aquí en el establo."

"–Permiso, voy al baño. –No vayas. –¿Por? –Hay una cagada más o menos ahí."

"Mi amor, la guagua dejó la cagada en el suelo; parece que le falta entrenar más en la bacinica."

"La secta escatológica cree en un gran dios que le pone término a todo, luego de excretarnos a nosotros, su cagada mejor lograda."

"Voy a pegarme una cagadita y vuelvo."

"Estimado Rector: informo a usted que una cagada descomunal anega el baño de los estudiantes, invade el pasillo y se acerca peligrosamente a la sala de profesores."

"Nada como una buena cagada, dijo Blanca Nieves."

Cagada₂

Desastre; problema; falta; falla; error; disfunción; escándalo; lío; caos; jaleo; batahola; desenlace sensacionalista; confusión grande; algarabía; griterío; alboroto.

La sabiduría detrás de este conglomerado de significados es pura y transparente como el agua: sin técnicas apropiadas de contención y conducción sanitaria, la caca deja la cagada. Lo propio ocurre con los otros quehaceres y afanes humanos: "dejados a la buena de Dios", cada cual deja su cagada.

Nombra el estado normal de Chile. Los argentinos no lo hacen nada de mal tampoco.

Propongo nuevo lema en el escudo de la patria: "Con mucho esfuerzo, saliendo respetuosamente de la cagada".

Usos:

"–Ese matrimonio fue una larga y penosa cagada. Ya a la primera semana de casados se peleaban. –Cierto. Si parecía *reality* la huevá. Todas las semanas una nueva crisis. –Imagínate cómo habrán estado después de cinco años. –Menos mal que se separaron. ¡Qué cagada más grande!"

"Está la cagada con los estudiantes: están en paro y se están tomando sus escuelas."

"Quedó la cagada en Antuco; hay como cuarenta conscriptos muertos por caerles en plena marcha una tormenta de viento y nieve en la precordillera."

"–¿Y cómo está Concepción? –La cagada, compadre. Después del terremoto, se fue todo a la chucha."

"–¿Y qué fue del Mario que no lo he visto? –¿No supiste? Ese huevón dejó la cagada y tuvo que irse a

Santiago. Se metió con la esposa del jefe y lo despidieron. Y la mina se fue con él."

"La pura cagada en el campo de fútbol: botellas volando por todas partes, bombas lacrimógenas, huevones fanáticos arrancando las butacas y prendiendo fuego. La cagada."

"Una mina provocadora, con su buen parachoques y su buena piernada, en cualquier parte deja la cagada."

"Si consideramos áreas como educación, salud, trabajo, vivienda, jubilaciones, contaminación, justicia y seguro social, concluimos que en Chile hay una gran cagada."

Cagada₃

Insignificancia; pequeñez; mezquindad; cosa menor; cosa despreciable; poco; poquedad; baratija; minucia; nadería; bagatela; tontería.

La banca escucha y siente cumplidamente a Jesús y su parábola del sembrador: Tú arrojas tu dinero allí; el banco recibe en tierra fértil; crece y se multiplica cien a uno en sus dominios tu siembra de dinero; el banco cosecha y... te devuelve una cagada.

Usos:

"¡Qué caro el caviar! Por una cagada pagas lo mismo que un lomo entero de vacuno."

"–¿Y qué tal ese restaurante? –Mira, el plato bonito, pero me sirvieron una cagada. ¡Quedé con más hambre!"

"¿Y con esta cagada de plata se supone que uno pasa el mes?"

"–Y esa cagada chica, ¿quién es? – Es el hijo de la Marité."

"La jubilación es una cagada. Todo lo ahorrado se lo quedan las financieras."

"Ser trabajador fiscal es bueno: Trabajas una cagada y recibes sueldo, bueno, una cagada de sueldo, pero igual..."

"Perdón, la Cordillera de los Andes sí son montañas, esas cagadas son cerros."

cagadero

Retrete; letrina; inodoro; taza de
baño; excusado; cuarto de baño.

*De los, digamos, 100.000 años de
humanidad, solo los 100 últimos
manifiestan cagaderos masivos de
flujo sanitario en las poblaciones
del bípedo dominante. Hay jóvenes
hoy que no pueden imaginar un
mundo sin iPhones. ¡Cuánto menos
podrán figurarse esa otra
cagadita!*

*Ejercicio espiritual de Ignacio
Loyola: Imaginémonos en un
mundo con siete mil millones de
habitantes con cagaderos
silvestres, sin circuito de agua.
¡Qué olor a mierda habría en el
planeta!, ¿no?*

*Mucho antes de aterrizar, a la
altura de la Luna, los
extraterrestres detectan un curioso
hálito amarillo exudar de la*

superficie terrícola, abren curiosos la ventana de la nave y... —¡madre mía!—... giran precipitadamente, "aprietan cachete", "salen cagando", desaparecen "hecho un peo" del sistema solar, espantados, estrangulados por la hediondez.

Usos:

"—Disculpe, ¿dónde está el... —El cagadero está al fondo a la derecha."

"Los chilenos trabajaban limpiando cagaderos por toda Europa; ahora han regresado y están en La Moneda dirigiendo el país. ¿Qué te parece?"

"—¿Y en qué trabaja su marido? —No, él limpia cagaderos."

"Jefe, ¿le pinto el *doble ve ce* a la puerta del cagadero?"

"—Permiso, voy a ir a las casitas —Vaya al cagadero no más, vaya."

"–Me cansé de tanto desorden,
niños. ¡A ordenar se ha dicho! –
Pero, mami, si es nuestra pieza... –
Nada de nuestra pieza. ¡Este cuarto
de ustedes parece cagadero! Me lo
limpian o los saco cagando de la
casa."

"–Hombre, coño, ¿qué pasa?
¿Dónde está el torero? –
¿Miguelito?, en el cagadero."

cagado[1]

Con excremento encima; sucio con caca; con la defecación en la ropa.

La culpa la tiene la civilización y su vestuario: Si no lo usáramos, no andaríamos nunca cagados.

Usos:

"–Mi amor, vea si el niño está cagado y cámbiele el pañal, ¿ya? –Pero, gordita, si sabe que me dan arcadas... –No me venga con huevadas, gordito, ¿quiere? El hijo es de los dos y los dos lo cuidamos."

"Mami, los pantalones del abuelito están todos cagados."

"–Gordita, la guagua tiene el poto cagado... –Límpielo, pues, mi amor, límpielo."

"–Hay un olor raro, ¿no te parece?
–Alguien anda cagado, cacho."

"–Parece que está cagado el
paciente, doctor –No se quede ahí
como huevón, pues, enfermero.
¡Límpielo rápido!"

"–Parece que me hice caca de la
risa. –Huevona, ¡qué feo! ¡No digai
eso! –Pero si estoy cagada poh."

cagado₂

Avaro; tacaño; roñoso; mezquino; miserable; egoísta; que no comparte; que no invita; que no ayuda; que busca el provecho propio.

Darwin-Marx 101. La dinámica de la riqueza es así: Mientras más rico, más cagado. Si compartes, baja tu poder-de-haber y tus chances en ese medio. Si no eres cagado, te puede salir caro. La dinámica de la pobreza es otra: Mientras más pobre, menos cagado. Si compartes, aumenta tu poder-grupal y mayor es tu chance de sobrevivir en ese ambiente. Si eres cagado, te puede salir caro.

"–¡Por eso es que la clase media está cagada! –De adentro..."

Usos:

"Te pasaste pa' ser cagada, huevona. Dale una moneda a esa pobre mujer ¡No ves que está toda enferma!"

"El Arnulfo es un tipo cagado: nunca invita."

"No seai cagado, puh Manuel, rájate con una cervecita que sea."

"Mientras más plata tiene la gente más cagada se vuelve."

"–Pidámosle al Roberto que se ponga para el asado de este fin de semana. Ya le toca cooperar, ¿no? –El Roberto se va a correr; te la doy firmada. ¡Ese huevón la cagó pa' ser cagado!"

"–¡Qué cagada la Ximena, se pasó! –¿Qué onda? –Se cagó con la casa de la playa para este fin de semana. Primero había dicho que sí y ahora dice que no porque la ensuciamos demasiado."

"–A ver Pedrito, ¿qué sabe usted de Jesús? –Jesús ayudaba a los pobres, señorita; no era na' e caga'o."

cagado₃

Hundido; abatido; deprimido; necesitado; afectado; en serio aprieto; en problemas; en líos; en crisis; en dificultad y sin solución; en apuro económico.

La democracia puede definirse como una ecuación socio-económica en la que cuatro quintos de la población están cagados y votan y votan eternamente por salir de la mierda.

Usos:

"–¿Cómo estás? –Cagadita, amigui: el Manuel quiere que terminemos. Yo creo que hay otra mina."

"Estuve bien cagado el año pasado, pero ahora me va bastante bien."

"Estamos cagados si no encontramos un prestamista."

"–¿Y qué tal estaba el Mario? –Bien cagado lo vi con lo de la muerte de su madre."

"Estoy cagado: me echaron de la pega."

"He estado bien cagado de la garganta últimamente; supongo que es el smog de Santiago."

cagado de

Con mucho; con gran; lleno de; extremadamente; con exceso de.

Para este significado cuantitativo, "cagado" se sigue de las preposiciones "en" o "de". Para cantidad externa, como dinero, "en", para interna, de sensaciones como risa o susto, "de".

Traficante dantesco en el norte de Chile: "...Cagado de hambre, de sed y de pavura, me refugié en una quebrada oscura, que en la ruta principal había patrullas; mi cantina de agua ya vacía, y la mochila cargada de cocaína..."

Usos:

"–La gente está cagada de desesperación con todas las cuentas que tiene que pagar mes a mes. –Pero cagados de hambre, ya no están. –No, eso no. El hambre no entra en la postmodernidad."

"Andas cagado de angustia por el resultado que tengas de la biopsia."

"Lo pasamos la raja, cagados de la risa toda la noche."

"La playa, bien en el día, pero pasamos toda la noche cagados de frío."

"Estábamos tan cagados de hambre que nos disputábamos los ratones para la cena."

"Nos suben los precios de todo, pero los sueldos, iguales; y nosotros cagados de impotencia."

cagado de adentro

Intrínsecamente malo o mal; que no tiene remedio; sin remedio; incurable; corrupto; viciado; virulento; fracasado; malogrado; frustrado.

¿Se imaginan hacer caca hacia adentro? Pues, ¡esa es la imagen!

¿Y no aplica excelentemente bien esa imagen a instituciones nuestras como la Iglesia Católica, la Corte Suprema y las Fuerzas Armadas?

Usos:

"Los racistas están cagados de adentro."

"Ese huevón del Roberto odia a todo el mundo. Está cagado de adentro."

"El capitalismo es un sistema socio-económico que explota los recursos sin control. Lo han adoptado hasta los chinos, pero todos sabemos que está cagado de adentro."

"La Corte Suprema es una de las farsas grandes de Chile. Esa cofradía está cagada de adentro."

"–Los tiras están investigando a esa mafia. –¿Y tú confías en los tiras? La Policía de Investigaciones está cagada de adentro."

"Por su clasismo, su catolicismo y su arribismo, Chile está cagado de adentro."

"–Los zoológicos está cagados de adentro. –Claro, encierran desalmadamente a los animales y... –¡No! Lo digo por las toneladas de mierda que tienen que limpiar y sacar todos los días."

cagado de la risa[1]

Riendo a carcajadas; riendo a más no poder; riendo copiosamente; a risotadas; en jolgorio; con mucha risa; muy contento; feliz.

Como —vergonzosamente— sabemos, mucha risa puede derivar en... exactamente, una inesperada fuga de mierda.

Aristóteles, ejem, decía que la risa es característica del hombre. Sabemos que es terapéutica. Por ello, desde el Ministerio de Salud hacemos un llamado a la población a mantenerse constantemente cagada de la risa.

Usos:

"–¿Y la Tere? –Está escuchando un programa en la cocina, cagada de la risa."

"Salimos cagados de la risa de esa película; es una comedia excelente."

"–¿Cómo te fue con tus chistes? –Bien. El público estaba cagado de la risa."

"Lo pasamos la raja. Estuvimos contando chistes cagados de la risa toda la noche."

"Fuimos a ver al Coco Le Grand y nos cagamos de la risa."

"Me pasa siempre: Veo a los políticos en la tele y simplemente exploto cagado de la risa."

cagado de la risa₂

Excelentemente; espléndidamente; dichosamente; bien; fácilmente; desahogadamente; sin dificultad; con holgura; plácidamente; tranquilamente; despreocupadamente; relajadamente; aventajadamente; con superioridad; dominando.

Miren los cuentos que les contamos a los niños, y después nos asombramos del resultado: Salió tan campante Caperucita a recoger setas y frutillas. El lobo la siguió, la abordó y la devoró, cagado de la risa.

Usos:

"Esos huevones viven en una casa la raja cagados de la risa."

"Ustedes los políticos creen que nosotros los pobres estamos cagados de la risa acá en la pobla, esperando a que se les ocurra la próxima gran idea de salvataje."

"—¿Y qué tal lo pasan allá en San Francisco? —Estamos cagados de la risa."

"No te preocupes, mi hermano es medio carpintero y te arregla esta mesa en un dos por tres, cagado de la risa."

"En los países ricos el ganado humano pasta cagado de la risa. En los países pobres, pasa cagado de hambre."

"Desde que dejé de trabajar, la verdad, estoy cagado de la risa."

cagado de miedo

Con mucho miedo; aterrado;
aterrorizado; extremadamente
asustado; espeluznado;
atemorizado; temeroso; miedoso;
timorato.

*La imagen es clara como el agua...
bueno, viscosa como el lodo: Por
más que uno apriete cachete
cuando viene el león, no siempre
funciona esa tranca del culo, y
corremos desesperados
arrancando por entre los
espinudos matorrales,
literalmente cagados de miedo.*

Usos:

"Quedaron todos cagados de miedo
en el sur después del terremoto."

"Pero gordito, ¿cómo está cagado
de miedo? ¡Si es una película no
más!"

"Cagados de miedo, nos vinimos despacito por el borde del precipicio, hasta que llegamos al valle."

"Ese gallo es un cagado de miedo, nunca se moja el potito por nadie."

"Así como no es recomendable comprar comida con hambre, tampoco lo es resolver asuntos cagado de miedo."

"–¿Y cómo lo pillaron al cuatrero? –Por el churrete que dejaba, pues. Si iba cagado de miedo y los perros huelen eso."

"Ponen un petardo en el Metro y todos cagados de miedo."

cagado de susto

Con mucho susto; aterrado; aterrorizado; extremadamente asustado; espeluznado; atemorizado; temeroso; asustadizo; timorato.

La táctica de toda dictadura y totalitarismo es mantener a la población cagada de susto. ¿Su estrategia? La misma.

Usos:

"En el 94, entrada ya la democracia, Pinochet sacó los tanques a la calle por un rato. Era para que se cagaran de susto los huevones. Todavía le resultaba al viejo zorro. Después lo atraparon en Londres –muy poco zorro–. Ahí anduvo cagado de susto él. Su buen añito. Una dosis menor pero efectiva de su propia medicina."

"La loca de la tía Maruja les contaba historias de muertos y de cementerios a los peques, y los pobres quedaban cagados de susto toda la noche."

"–Vamos escalando y escalando y se nos hizo tarde y nos cayó la noche en plena montaña, colgando de la roca los dos, sin plano donde echarse y con harto frío. –¿Y qué hicieron? –Nada. Esperar afirmados de las cuerdas. Estuvimos cagaditos de susto hasta el otro día."

"La nueva empresa chilena tiene esta arma contra los trabajadores: el despido sin trámite. Con eso los tienen cagados de susto."

"Al final, como los caballos estaba el pobre de Augusto: de su propia sombra, cagado de susto."

cagado en

Boyante en; con mucho; lleno de; con abundancia de; rico en.

Se emplea en general para caudal de recurso o riqueza. (Como se dijo en su lugar, para este significado cuantitativo, "cagado" se sigue de las preposiciones "en" o "de". Para cantidad externa, como dinero, "en", para interna, de sensaciones como risa o susto, "de".)

De Chile podemos decir que somos un país pobre, cagado en cobre.

Usos:

"En esos años vivíamos cagados en lujo y dinero."

"–Oye, aunque la partimos por tres, salió bastante cara la cuenta. ¿No habrá tenido problemas Jaime, tu amigo? –No te preocupes. No tiene problemas. El Jaime vende y compra propiedades. Está cagado en plata."

"Los argentinos son ricos, están cagados en grano y ganado."

"¿De qué te quejas? Estás cagado en acciones y propiedades y puedes perfectamente retirarte a vivir de tus rentas."

"Los Emiratos es un lugar riquísimo. Esos huevones están cagados en petróleo."

"En Chile estamos cagados en riquezas marinas y minerales y no hacemos nada mejor con ellas que dejar que las exploten de afuera."

cagado en plata

Rico; con mucha fortuna; con exceso de dinero; millonario.

Figúrese el lector un personaje que caga dinero. De él podemos decir que está cagado en plata.

Para muy dudoso consuelo de los pobres: los huevones cagados en plata suelen vivir cagados de susto.

Usos:

"Ese compadre es más platudo que el Tío Rico. Está cagado en plata."

"La Andrea siempre anda con billete. La mina está cagada en plata, cacho."

"–El Andrés nació cagado en plata. –Sí, pero es cagado el huevón."

"–Tengo una tía cagada en plata. –
¿Y qué hace? –Limpia caca de
camello en Arabia Saudita."

"Con este negocio nos vamos a
hacer todos ricos. Vamos a andar
cagados en plata, compadre."

"Esos huevones no tienen
problemas; están cagados en plata."

"Los árabes de los Emiratos y de
Arabia Saudita están cagados en
plata."

"–Los huevones que están más
cagados en plata son los que más se
favorecen con las leyes –Era que no,
si son ellos mismos los que hacen
las leyes."

cagado por dentro

Constitutivamente nocivo; intrínsecamente malo; corrupto y sin remedio; de naturaleza insana y perniciosa; incurablemente perverso; virulento; funesto; inmoral.

Es prácticamente sinónimo de "cagado de adentro", pero admite, más que este último, una causa externa para el mal adjudicado.

Si, como se sostiene por doquier, es un hecho que la educación chilena está cagada por dentro, que la justicia chilena está cagada por dentro, que la política chilena está cagada por dentro, que la Iglesia está cagada por dentro, que la sociedad chilena entera está cagada por dentro, entonces, ¿por qué mierda no exportamos todo ese estiércol fertilizante y nos cagamos en plata?

Usos:

"El huevón del jefe es mala leche. La gusta cagarte. Está cagado por dentro."

"Los políticos chilenos son pinganillas de mala clase. Todos están cagados por dentro esos hijos de puta."

"Tóxica la mina esa. Pa mí que está cagada por dentro."

"La Corte Suprema es corrupta; está cagada por dentro."

"El Congreso es un conjunto de arreglines entre rufianes; ese sistema está cagado por dentro."

"Pagamos impuestos como en Suecia y recibimos mierda a cambio. El país funciona como las huevas. Estamos cagados por dentro."

cagando[1]

Sí; por supuesto; lo hago; de todas maneras; claro que sí; claro; sin problemas.

Toribio a Augusto: ¿Y si hacemos un golpecito de estado?

Augusto a Toribio: Cagando, poh, Toribio, cagando.

Usos:

"–Compadre, puede ayudarme con diez luquitas? –Cagando que sí pues compadre. No faltaba más."

"–¿Vas a estar lista este mes con esas ventas? Mira que tenemos que hacer meta, sí o sí... –¿Yo? Cagando. Cero rollo. A como dé lugar, cumplo meta. De todas formas."

"–Necesito que alguien me vea la ducha, compadre, está goteando y tengo mala presión. –Pero, compadre, todo eso se lo arreglo yo pues, no se preocupe.–¿En serio compadre? –Cagando, poh compadre. No ve que trabajé de gásfiter muchos años. Está diciendo."

"–¿Y cabrá este mueble en la bodega? –Cabe cagando, hermano. De más que sí."

"–¿Pasará de curso el Pedrito, gordi? –Pasa cagando, mi amor; si tan mal no le ha ido este año. Pasa, todo el rato."

"Lo cruzo cagando, dijo Julio Cesar."

cagando$_2$

Rápidamente; apuradamente; urgentemente; inmediatamente.

Este adverbial forma compuestos naturales con verbos de locomoción, de desalojo y de cruce de límites, tales como "salir", "entrar", "irse", "echar" y "sacar", entre otros.

Cuando la necesidad brota, uno sale cagando al baño.

Usos:

"Cuando oyó la sirena de los pacos, el ladrón arrancó cagando por esa puerta. Los testigos que estaban al otro lado lo vieron salir hecho un peo y con las joyas aun en sus manos."

"Usted se me va cagando de aquí, no lo quiero ver más. Tome sus cosas y sale cascando de aquí."

"–Ramón, partiste cagando al banco a dejar estos cheques, mira que cierran en cinco minutos. –Voy soplado, jefe."

"–Y caché que no tenía carbón, cacha, y todos los invitados ya llegando –¿Y qué hiciste? –Salí cagando al súper a comprar."

"–Vuelve cagando para acá, huevón, que estamos todos esperándote para cantarte el apio verde, con la torta lista y las velas puestas. –Ya compadre, voy en el auto rajado. Al tiro llego."

"–¿Y el Miguel ya no trabaja acá? –No, lo pillaron pasando información a la competencia. Tuvo que salir con viento fresco. Lo echaron cagando."

cagando que sí

Sí; por supuesto; lo hago; se hace; claro que sí; claro; sin problemas.

Es antónimo sanguíneo de "ni cagando", para que vean.

Usos:

"–¿Vamos a poder ir al cine más tarde mi amor? –De todas maneras, pues gordita. Cagando que sí. Termino esto y salimos."

"–Yo cacho que cagando que sí vamos a hacer un asadito este sábado donde la flaca. –De más que sí, pues. Está diciendo."

"–¿Y si nos vamos en moto a Bariloche? –Cagando que sí poh huevón. ¡Puro hagámoslo!"

"–¿Podrás levantar ese saco? –Cagando que sí."

"–¿Tú crees que nos acepten en ese programa? –Cagando que sí. Todo el rato."

"–Vamos a ver si duramos un minuto debajo del agua. –Un minuto, cagando que sí."

"–¿Y tú dices que por una bombita nos van invitar a la oposición a la Moneda? –Cagando que sí. Te lo doy firmado."

cagaonda

Que estropea lo bueno o ameno;
que desanima; que causa
decepción; que baja los ánimos;
aguafiestas.

*Hasta el momento, el huevón más
cagaonda del siglo es Binladen.*

Usos:

"Qué cagaonda el Manuel; en lo
mejor de la fiesta se enojó y se llevó
la música."

"−El Roberto siempre bajonea,
¿hay cachado? −Sí. Es bien
cagaonda ese compadre."

"−Ya, a acostarse chiquillos. Basta
de ruido. −No sea cagaonda, puh
mami, si son recién las doce y es
viernes; deje que sigamos una
horita más."

"Esos imbéciles poniendo bombas. ¡Qué manera de ser desubicados y cagaondas esos huevones!"

"–¡Qué cagaonda la María Angélica! –¿Qué hizo ahora la loca esa? –Estábamos veraneando en Cachagua, ella invitada en nuestra casa, y la huevona no halla nada mejor que bajarse un frasco de pastillas pa' dormir. Tuvimos que salir volado al hospital con la huevona. –¡No! La cagó. Es puro drama esa mina. ¡Too much!"

cagar₁

Defecar; ensuciar; deponer; evacuar; hacer caca.

Génesis 1:1:

Al comienzo fue la caca, luego fue el verbo cagar.

Usos:

"Esa mina es bruta; ni que fuera española. El otro día va, se pone de pie y, cara de raja, dice: Permiso, voy al cagadero; me dieron ganas de cagar."

"¿Constreñida por la vida? ¡No se preocupe, señora, terminaron sus problemas! Las pastillas Shu-Shu Rete del Laboratorio Von Potoff la harán cagar de un viaje. También en jarabe con sabor a membrillo, para que caguen sus niños."

"Están todos los conscriptos cagando en el baño, mi teniente, tal como me lo ordenó: Hágalos cagar a todos en el ejercicio."

"No se puede cagar en los baños de los buses interurbanos, porque el olorcito deja la cagada en la cabina."

"Por la noche, el Jefe Scout gritaba: A cagar a cagar que el mundo se va a acabar."

"Era un grafiti muy común en los baños públicos: *Caga tranquilo, caga sin pena, pero ¡concha de tu madre, tira la cadena!* Ahora se encuentra poco, por lo trillado, porque esos baños siguen igual de cagados."

cagar₂

Perder; arruinarse; joderse; acabar;
ceder; fallar; fracasar; echarse a
perder; dejar de funcionar;
estropearse; malograrse; colapsar;
sucumbir.

*Como dice el Eclesiastés: Caga,
todo caga.*

Usos:

"Si sigue así de mala la pesca,
vamos a cagar, compañeros; y
nosotros los pescadores artesanales
no tenemos otra manera de
ganarnos la vida."

"Cagó la juguera, mami. No
prendió más."

"Cagué amigui; el juez dice que la
casa no es solo mía, sino de los dos
y que el Javier puede venderla y

quedarse con su parte si quiere. Así que fregué."

"Cagaste, Manuel, te quitaron la beca de estudios."

"Cagamos: el cobre bajó cincuenta por ciento. Nos vamos a la cresta."

"Si no nos ponemos las pilas vamos a cagar. Es vital que mejoremos la rentabilidad de la empresa. Si no, nos vamos a la chucha."

"Ya el tren en Chile prácticamente cagó. No quedan ramales y la línea central es un chiste."

"Me cagó el vestido mi hermana, con lo gorda que es..."

cagar₃ (cagarse)

Engañar; estafar; dañar a alguien saliendo con provecho propio; arruinar a alguien; desertar una situación para ganancia propia; traicionar; aprovecharse; abusar; beneficiarse engañosamente de la confianza de alguien.

Esta derivación figurativa nombra una práctica a primer olfato infinitamente más frecuente que la original.

Usos:

"Oye, parece que te cagaron en el súper; tu pagaste por una docena de huevos y esta es media."

"Se lo cagaron en la empresa al Jaime: lo echaron y no le pagaron la indemnización."

"Me cagaron en esa tienda: me vendieron este equipo de música como si fuera la última chupada del mate y al año ya está malo; y la garantía ya no sirve."

"No lo caguí', puh huevón; dale un plazo de diez días para que te pague el arriendo; no lo podí echar así, de una."

"Dijo el sabio Freud: Cuando cagas a tu conciencia, te engañas con racionalizaciones estúpidas; ella se vengará y te cagará de vuelta, sí o sí, de una u otra manera."

"No pocos en Chile conciben el cagarse a alguien como un logro. Para estas personas hacer huevón a otro es meritorio."

"Sin derecho a huelga, los patrones nos cagan todo el tiempo en las negociaciones."

"Los molineros nos cagan a los productores de trigo; nos compran a peso el quintal y lo venden a mil."

cagar₄ (cagarse)

Engañar a la pareja; serle infiel a la pareja; realizar adulterio; ser promiscuo en la relación.

Está de moda cagarse mutuamente en la pareja. Es la postmodernidad.

Usos:

"—La vecina se está cagando a su marido con el peluquero de la esquina —¿Le está poniendo el gorro con ese picante? —Para que veas, si sobre gustos..."

"Este fin de semana, el Manuel se cagó a la María con la Mireya."

"—¿Y tú te has cagado a tu marido alguna vez? —O sea, de repente he mirado pa'l lado y una que otra vez le he pegado en la nuca; pero poco.

Yo creo que él me ha gorreado más a mí, te voy a decir."

"–Yo no dejo a mi señora sola en la casa ni cagando. Pa' que me haga la cama después. Nica. –Pero cómo se te ocurre que la Martita te va a cagar, Pancho. No seai huevón."

"Mi jefa lleva años cagándose al marido con don Víctor, el contador."

"–¿Te estai cagando al Mario, huevona? –Sí, poh; ¿y qué tiene? ¿Así que ellos no más pueden zapatear en otra fonda?"

"–Está de moda que las minas se caguen a los huevones, ¿hay cachado? –Más de moda que la chucha. –Igual de moda, cacho."

"OK, yo te cagué, Pancho, te cagué con el Sergio; pero tú me habíai cagado antes con la Roxana; entonces ¿pa' qué hueviai tanto?"

cagar a la primera

Fallar en la primera prueba; fracasar al primer intento; desplomarse inmediatamente; sucumbir ante el primer esfuerzo; caer al primer arrojo; tumbar al toque; perder al inicio; eliminar sin esfuerzo; dejar de funcionar a la primera puesta en marcha; ceder de inmediato.

A diferencia de otras especies, que han sobrevivido catástrofes globales, es posible que el ser humano cague a la primera.

Usos:

"Vinieron unos quiltros, se armó una pelea de perros y el Chihuahua de la vecina cagó a la primera. Parecía paloma en la boca de un bóxer."

"El ejército iraquí cagó a la primera."

"El edificio estaba nuevo. Vino el terremoto y cagó a la primera."

"–Teníamos muchas esperanzas en ese caballo, pero al inicio de la temporada se fracturó. –¡Puchas! ¿O sea que cagó a la primera? –Así es."

"Saqué la moto por el cerro y cloteó. Cagó a la primera."

"Pero, mi amor, usted me lo mete y se va cortado al tiro. Caga a la primera. Tiene que aguantar un poco más pues."

cagar de un viaje

Morir de golpe; fenecer rápidamente; sucumbir fulminantemente; expirar bruscamente; caer reventado; desplomarse; tumbar; perder duramente; eliminar en un segundo; dejar de pronto de funcionar; estropearse en un segundo; esfumarse.

El adverbial "de un viaje" significa "inmediatamente". Es un viaje a la velocidad de la luz.

Usos:

"–¿Y tu gatito? –Lo envenenaron. Por suerte cagó de un viaje."

"–Yo quisiera morir de un dos por tres, nada de esperas largas. –¿Cagar de un viaje? –Sí, de un viaje."

"Pero me tiene que devolver la plata pues, si la radio es nueva y cagó de un viaje."

"Los eliminaron al primer partido. Cagaron de un viaje."

"Íbamos subiendo la cuesta y el auto cagó de un viaje. Murió. Nunca más partió la huevá."

"Aposté todo al rojo y cagué de un viaje."

"Las promesas de los políticos cagan de un viaje después de las elecciones."

cagar la onda

Estropear el buen ambiente en un grupo; desanimar el entorno; arruinar la armonía; desentonar en el medio; estropear lo bueno o ameno; decepcionar; bajar abruptamente las expectativas; bajar los ánimos; incomodar; sacudir con verdad inoportuna.

La realidad muchas veces caga la onda; entonces nos contamos cuentos. Hay que reconocer que somos creativos.

Usos:

"–La Mireya se llevó el estéreo y nos cagó la onda. –Nos cagó. ¡Se pasó pa' ser cagada la huevona! –Na' que ver: ¡Adónde se ha visto que cagarse con la música!"

"Oiga, gordi, no me cague la onda con que necesita almuerzo;

prepárese algo usted mire que estoy viendo mi teleserie."

"–Bajón chiquillas. Llegó el Jaime y está contando chistes picantes y obscenos en el living. –Qué huevón más tonto y desubicado. Caga la onda total. ¿No cacha que somos minas?"

"¡Pero cómo traes a tu abuelito a la fiesta! ¿No ves que cagas la onda?"

"–Esos huevones idiotas que andan poniendo artefactos explosivos por ahí no tienen nada mejor que hacer que cagarle la onda a las personas. –Como si no estuviéramos ya requetecontra cagados así como estamos."

"El propósito del cine hollywoodense es entretener, no cagar la onda."

cagar no más

Sufrir privación injusta; padecer mal fatal; sostener daño sin compensación; sufrir privación o perjuicio sin recurso de protección; ser damnificado sin resguardo o garantía; perder sin apelación; mala suerte; no hay nada que hacer; pasan estas cosas; qué se le va a hacer; así es la vida; mala pata.

Con el "cagar no más" aplicamos muchas veces una norma selvática sin otro trámite. Se está fuera de la ley y de la justicia en esos trances.

También es signo mordaz de realismo y otras de fatalismo.

Usos:

"–Pero cómo nos vamos a ir, si el Manuel no ha llegado –Ah, mala cueva; cagó no más. Dijimos a las

10 y van a ser las 11. Ni cagando lo seguimos esperando."

"Llegamos al Metro antes de la hora de cierre, pero estaba cerrado. Tuvimos que tomar un taxi. Cagamos no más."

"Cuando llegué ya se habían acabado las entradas al concierto, amigui. Cagamos no más."

"–¿Vienes al fundo pa'l Dieciocho? –No; no puedo. Tengo que trabajar, así que cagué no más, poh. No voy a poder ir."

"–Parece que la cajera me dio vuelto de más. –Cagó no más."

"–Si se te olvida algo, te lo roban. O sea, cagas no más."

cagarla[1]

Cometer error grave; meter la pata; arruinarlo todo; estropear algo; afectar negativamente.

Gente que la ha cagado: Hitler la cagó en su campaña contra Rusia; Hussein la cagó cuando invadió Kuwait; Galtieri y Anaya la cagaron al invadir las Malvinas; Pinochet la cagó paseándose por Londres. ¿La cagó Dios con Adán?

Usos:

"–Dejó la escoba el Manuel en la pega –¿Qué onda? –¿No supiste? Metió la pata a fondo. La cagó con tuti. Dejó la puerta sin seguro y entraron a robar y se llevaron todas las computadoras. –Chuuu... ¡Qué cagazo, compadre, la cagó!"

"La cagó tu hermana, ah. Ahora se embarazó de nuevo, por segunda

vez, y no termina ni el liceo
todavía."

"–Cómo la ha cagado la
Municipalidad de Santiago con esa
cantidad de edificios sin ninguna
visión de ciudad; ¿no te parece? –
Cero urbanismo. No hay parques ni
cafés ni colegios ni gimnasios ni
canchas ni salas culturales ni
paseos ni caminos para bicicleta;
no hay nada humano. Solo edificio
tras edificio hacinando al ganado
en corrales. ¡La cagan!"

"¡Qué manera de cagarla con los
autos en Santiago! ¡Pero si la
ciudad está que revienta!"

"–La embarramos con ese
préstamo hipotecario, gordito. –
Puchas, parece que sí, gordita,
parece que la cagamos. La casa ha
perdido mucho valor y nosotros
pagando mes a mes esa tremenda
deuda."

"No la caguí' poh, Manuel, termina
tus estudios. ¡Con todo el esfuerzo

que han hecho tus padres por financiarte eso!"

cagarla[2]

Ser demasiado; exceder;
sobrepasarse; rebasar; distinguirse;
sobresalir en maestría; aventajar a
otros notoriamente; prevalecer en
forma admirable; despuntar;
destacarse marcadamente;
demostrar excelencia.

Se emplea tanto con cualidades
meritorias como reprensibles.

*Del pueblo chileno puede
decirseque la caga pa' ser bueno;
de sus políticos, líderes y
administradores, que la cagan pa'
ser malos.*

Usos:

"Ese huevón es una bala pa' las
matemáticas, es capísimo, la caga."

"–La Nacha la caga pa' ser exótica.
–Y rica la huevona. –Esa mina
mata."

"El Rodrigo la caga pa' ser suave."

"Esta Carrera de Criminología la
caga pa' ser mediocre. Estos títulos
no valen nada."

" –Oye, puta el mino rico ese, la
caga. –¿Cuál? –Ese, el de la
chaqueta azul. –La cagó. Se parece
al Robert Redford –No me agarrí
pa'l hueveo, ¿querí? –Huevona, de
verdad…. Si le falta el caballo no
más."

"Oiga, pero usted la caga pues,
Pedrito: Primero compra un
diccionario de puras huevadas y
ahora trae este, de puras cagadas."

"–El terremoto del 2010 la cagó. –
Se fue al chancho. –Dejó la cagada.
–Y el mar se salió literalmente de
madre. –Olvídate del sueño de una
casita pegada a la playa, junto a las
olas. O sea, ¡ni cagando!"

"¡La cagó para ser bonita la Cordillera de los Andes!"

cagarla para

Exceder en algo; sobresalir; despuntar; distinguirse; extremar; exagerar.

En general es "cagarla para ser", pero otros verbos pueden aparecer en la perífrasis.

Como sabemos, a veces Chile la caga para cagarla.

Usos:

"–En esa universidad la cagan pa' ser mediocres. –Eh, en eso sí que son especialistas esos huevones."

"–El Marino la caga para tener paciencia con los chicos. –Cierto, Marino tiene alma de niño, corazón de padre y vocación de maestro."

"–Tu hermana la caga para ser buena para las matemáticas. –Sí, cacha todo y es una bala."

"La Pancha la caga pa' cantar bien."

"En este pueblo la gente la caga pa' ser buena onda. Me encanta como son de amables y de abiertos y honestos."

"Tu hijo la caga para pronunciar bien las palabras. Llega a dar susto."

"Ustedes la cagan pa' ser buenos amigos. Se pasaron. Me siento siempre apoyada cuando hablo con ustedes."

"–Ese maestro la caga para fumar. –Sí, prende uno con la colilla del anterior. Se va al chancho."

"Acá la cagan para hacer asados. Uno cada fin de semana."

"–La estuvimos cagando pa' tomar mucho. –Sí, se nos pasó la mano."

cagarle el panizo

Estropearle el provecho a alguien; malograr la ganancia; desmejorar la suerte; perjudicar una bonanza; desenmascarar un aprovechamiento; destapar una estafa; desbaratar un pillaje; reorientar una ventaja hacia uno; detener una repartija.

Las detestables hienas a veces se apoderan de la presa de las leonas y les cagan el panizo, arte que practican todo el tiempo los políticos.

Usos:

"Pinochet iba perfecto como senador vitalicio, pero, ay, ay, en Londres, esos jueces españoles le cagaron el panizo."

"La Iglesia Católica estaba re bien con la dictadura, pero vino la democracia y le cagó el panizo."

"Estábamos apitutados con el alcalde anterior, con un quiosco cerquita de la plaza. Después cambiaron de alcalde y nos cagaron el panizo."

"–Y al final, ¿qué pasó con esos que estaban usando el galpón de estacionamiento? –El nochero los denunció a la administración y cagaron. –Les cagó el panizo."

"Tenía casa, comida, pierna, de todo donde mi polola, pero se apareció la hermana del extranjero y me cagó el panizo."

"¿Pactos de caballeros en el congreso? Tenlo por seguro: se trata de rufianes que negocian para no cagarse el panizo."

cagarse₁

Defecar sin controlarse; soltársele a uno los esfínteres; ensuciarse; no lograr retener la evacuación; evacuar mierda; soltar un pedo; expulsar ventosidad maloliente.

Es un talante poco elegante de los monos humanos, el de nacer y morir cagándonos.

Usos:

"Ay, parece que me cagué sin querer..."

"–Se cagó la guagua, mi amor. – Múdela por favor, mire que estoy tratando de terminar la declaración de impuestos."

"Las monjas dicen que necesitan más pañales, Monseñor, porque los abuelitos se cagan mucho."

"–Puchas, no cuidan al abuelito muy bien en ese hogar parece. – ¿Por qué lo dices? –Es que a menudo se huele que anda sucio. – Sí, es que a esa edad se cagan a cada rato."

"¡Qué olor! Parece que alguien se cagó."

"¡Qué manera de cagarse estos caballos, por la chucha! ¡Y yo en el establo de recluta!"

cagarse₂

Inhibirse; desistir; echar pie atrás;
retractarse; acobardarse; sentir
miedo; tener pavor.

*Los humanos se cagan con los
truenos, los temblores, las
erupciones, los eclipses, las
tormentas, la muerte. De este
ancestral cagarse de la gente
brotan religiones y sacerdotes
como callampas.*

Usos:

"Vieron que saqué cuchilla y por
suerte se cagaron y no nos
asaltaron."

"–No sé lo que le pasó a la Gloria;
se cagó no más la mina y no quiso
venir a la playa conmigo. –Es por la
María, poh, Manuel; si son amigas
ellas; por más ganas que te tenga,
igual le da cosa cagársela."

"El Javier la caga pa' ser miedoso. Siente un ruido y se caga."

"Se cagó cuando vio al padre de la María Teresa y no se atrevió a pedirle el auto."

"Esos huevones se cagaron cuando escucharon la alarma y apretaron cueva."

cagarse con

Cumplir pobremente con obligación de entrega o reembolso; ahorrar mezquinamente; economizar objetablemente; mezquinar; ser roñoso.

Del Estado de Chile puede decirse que recibe mucho de este suelo y se caga con los chilenos.

Usos:

"Por favor no te caguí con la bencina. Devuelve el auto con el estanque lleno, ya que te lo prestaron por el fin de semana."

"–Los organizadores se cagaron con la fiesta de graduación. No había ni jugo en polvo en la huevá. –Y eso que habíamos juntado un millón de pesos entre colecta y colecta."

"¡Puta, se cagaron con el pisco; una botella toda cagona no alcanza pa' nada, poh!"

"—Los huevones cagones se cagaron con la carne: poca iy más dura la huevá! —Apretados los huevones. —Se pasaron. Más apretados que corsé de puta."

"No seai manito de guagua, Manuel. No te caguí con las chelas, poh. Si sabemos que tení un pack en el refri."

"Yo les dije: no se caguen con el carbón, y ahora se está apagando y le falta ene a la carne pa' estar lista."

cagarse de

Colmarse de; abundar en; con mucho; con gran; hacer en extremo; excederse; sentir mucho; sufrir; padecer.

La expresión conjuga un cambio repentino o fortuito de estado anímico. Con excepción de "risa", marca por lo general abundancia de sentimientos acongojantes.

Todo Chile se cagó de susto con el terremoto. Inmediatamente brotaron las misas, los discursos y la teletón, cual hongo del estiércol, cagando de mierda supersticiosa y farandulera al despavorido rebaño.

Usos:

"Dejamos la cagada en la cabaña del Manuel este fin de semana y su mamá estuvo limpiando por horas.

Después nos cagamos de remordimiento por lo que habíamos hecho."

"No sé que me pasó, de pronto comencé a cagarme de la risa y no podía parar de reírme."

"Me cago de vergüenza si me ve con esta pinta el Rodrigo."

"–¿Y qué le pasó al Lorenzo que se fue llorando? –Nada, pero tomó mucho y ese gil se caga de angustia con el copete."

"Me cagué de pena cuando escuché la noticia de la muerte del Juan Carlos. Era buena persona y tan joven."

cagarse de angustia

Estar muy preocupado; estar muy nervioso; alterarse mucho.

Ciertamente, es parte natural de todo buen existencialista.

Usos:

"Salí cagándome de angustia del examen médico ese. El doc me mandó a hacerme biopsia."

"–No sé tú, pero lo que es yo, estoy cagada de angustia por la prueba de admisión que hay que rendir para ingresar al programa. –Yo no me cago de angustia ni cagando. Que sea lo que tenga que ser."

"–Viven cagándose de angustia todos los huevones en Santiago: Que te ahogas en el Metro, que desórdenes y protestas en la calle, que tomas de los estudiantes, que

emergencia de polución de aire,
que se corta la luz, que no hay plata
pa'l gas, que suben y suben todos
los precios. Caos tras caos.
Despelote tras despelote. Cagada
tras cagada... —Oye, la pura
cantidad de pastillas antidepresivas
que se consume lo dice todo: ¡es
récor mundial!"

"El idiota de mi ex lo único que
logra cuando me cuida a los niños
es que se caguen de angustia. Les
dice que yo lo dejé, que yo lo
engañé, que yo traicioné la familia,
que no soy buena cristiana. Mil
huevadas que les cagan la cabeza a
los pobres."

"Antes me cagaba de angustia por
toda la mierda que hay que tragarse
día tras día. Pero ahora no. Me
fumo un pito y ya, ¡santo remedio!
Me cago de la risa."

cagarse de calor

Padecer calor; sufrir por el calor; sentir mucho calor; pasar calor; hacer calor; haber un clima de mucho calor.

No es que uno se cague literalmente cuando hace mucho calor, ni que la temperatura cálida propia de la deposición se haya transfigurado hacia el clima.

Usos:

"Nos estamos cagando de calor acá en medio del potrero. Mejor busquemos una sombra ahí en esos árboles."

"–Qué tal lo pasaron en San Pedro de Atacama? –Nos cagamos de calor."

"Este sauna está para cagarse de calor."

"Hay 34 grados en las calles. Mejor ni salir. Está pa' cagarse de calor."

"En cuba uno se caga de calor, chico."

"Rico correr por la playa, cagarse de calor, y zambullirse en el mar."

"En el infierno alemán tienen las brasas más efectivas y uno se caga de calor; pero en el infierno chileno, como se roban el carbón, las brasas ni calientan."

cagarse de frío

Padecer frío; sufrir por el frío; sentir mucho frío; pasar frío; hacer frío; haber clima de mucho frío.

El valle de Santiago de Chile tiene un clima y una naturaleza privilegiados. Con un urbanismo medianamente inteligente, la ciudad sería una delicia todo el año. Pero no, no señor, nada de eso: en el invierno nos cagamos de frío y de calor en el verano.

Usos:

"–¿Qué tal lo pasaron en Farellones? –Nos cagamos de frío."

"Se estuvieron cagando de frío todo el camino de vuelta de la playa en la parte de atrás de la camioneta."

"Ponte esta chaqueta. Pa' qué te vai a cagar de frío."

"¡Qué manera de cagarse de frío uno en Santiago los inviernos! Las casas están mal hechas: El calor se escapa y el frío entra."

"–Me estoy cagando de frío en esta pega de nochero –Pero llévate una petaca con fuerte, poh. Así pasai el frío."

"–Gordita, ¿y si culiamos pa' no cagarnos tanto de frío? –¡Qué es inteligente, mi amor! ¿No se le ocurre nada mejor?"

cagarse de la risa[1]

Reír a más no poder; reír copiosamente; carcajear; soltar la risotada; vivir el jolgorio; divertirse.

No se trata, entonces, de la risa nerviosa, ni de aquella social, sino de la auténtica carcajada. Ciertamente, lo que suele ocurrir es mearse y no cagarse de la risa. Pero, como se ha dicho en otra parte, se trata de una derivación indirecta, no literal, en la que el rasgo de "abundancia" o "profusión" ha sido seleccionado en forma arbitraria y teatral de una situación original de evacuación profusa e inundada de mierda.

No confundir 'cagarse de la risa' con 'cagarse del risotto'. Este último sí que complica al poto.

Usos:

"–¿Y no es muy antigua para ellos esa película? –Para nada. Con Peter Sellers, los niños se cagan de la risa."

"–¿Qué hicieron anoche? –Fuimos a un bar con comedia en vivo y nos cagamos de la risa."

"–¿Y cómo reaccioné con la anestesia? –Te cagaste de la risa."

"Le haces cosquillas al Pedrito y primero se caga de la risa y después comienza a chillar histérico. Da como miedo el pendejo."

"Salieron todos de la reunión cagados de la risa: el *power point* del jefe tenía fotos de minas en pelota."

"Yo pongo las noticias por la noche, escucho a los políticos y ¡ya!, ¡santo remedio!, se me pasa todo el mal humor del día. ¡Me recago de la risa!"

cagarse de la risa$_2$

No importarle nada; reaccionar relajadamente; mostrar indiferencia; conducirse con superioridad y manejo; reaccionar con dominio y tranquilidad; despreocuparse; vivir con holgura; ser rico; ser feliz.

Expresiones como "vivir cagado de la risa" y "estar cagado de la risa" se emplean a menudo para significar "ser rico", "tener dinero de sobra", "vivir más que holgadamente".

Va con ser rico en el tercer mundo, que uno vive cagado de la risa, y también cagado de susto.

Allá en la Isla de las Delicias, habló el gran jefe Muta Hysa: Nosotros los rapa nui vivimos cagados de la risa.

Usos:

"Es lo que me gusta de usted, compadre, se caga de la risa por todo, no se amarga con huevadas, siempre anda de buen ánimo y tira pa' arriba."

"En el Metro de Santiago se sufre; no se caga na' uno de la risa."

"–¿Y qué esperas de la vida? –Vivir cagándome de la risa."

"En provincia la clase profesional se caga de la risa. Viven muchísimo mejor que en Santiago."

"Los vecinos son buena onda: son suaves, son gay, hacen sus fiestecitas piolita de vez en cuando, no molestan a nadie, cumplen con todo y cada vez que les vienen con intrigas del edificio, se hacen los huevones... Se cagan de la risa de todo."

"¡No se estrese ni ande de prisa; cáguese más de la risa!"

"La María no se complica, se caga de la risa."

"Dijo el abuelito Vicente: Es fácil cagarse de la risa para el que tiene dientes."

cagarse de miedo

Sentir mucho miedo; aterrorizarse; no atreverse; obrar con escrúpulo extremo; ser aprensivo; tener reparo; titubear; retractarse por inseguridad; cambiar de opinión por temor; arrepentirse y echar pie atrás.

No cuesta imaginar la escena que origina esta expresión. Su significado chorrea recto de la naturaleza y su sana y llana crudeza.

Usos:

"Los niños se cagaron de miedo cuando les conté el cuento del descabezado. Se les pusieron los pelos de punta."

"El incendio de Valparaíso nos pilló alojando en un hotelito en la Avenida Colón. El fuego bajó por los cerros y amenazaba agarrar esa parte de la ciudad también. Nos cagamos de miedo."

"–Entra no más, ¿o se te hace? –¿Con ese manso perro? Ni cagando, pues. Me cago de miedo."

"Esta gente supersticiosa vive cagada de miedo, y de ese miedo viven los curas."

"Me cagué de miedo cuando vi esa sombra. Se me puso carne de gallina."

"Se cagan de miedo esos huevones; no se atreven a meterse al mar con esas olas; les hace así el culo."

cagarse de susto

Asustarse repentina y fuertemente; espantarse; sentir miedo súbito; aterrorizarse por imprevisto; choquearse; sentir temor.

Cuando a Hamlet se le apareció el fantasma de su padre, se recagó de susto.

Usos:

"Nos cagamos de susto cuando descubrimos el nido de avispas en el dormitorio."

"Algunas escenas de esa película son para cagarse de susto."

"–Se me pararon los pelos cuando abrieron la puerta. –¿Por qué? –Salieron tres pitbulls a recibirme, y con esa mirada media perturbada que tienen. Me cagué de susto."

"¡Cómo me cagué de susto cuando me salió positivo el test de embarazo!"

"Acaba de temblar y yo en el piso 11 con la Jaina. Ella, tranquila, pero yo me recagué de susto."

"Hitchcock entraba de incógnito al teatro en medio de sus películas. Olfateaba por todas partes a ver si alguien se había cagado de susto. ¡Cómo gozaba con el olor a mierda ese hombre!"

cagarse en

Rechazar; repudiar; despreciar; insultar; maldecir; considerar insignificante; descartar; ignorar.

En la ardiente sabana africana, los impalas que se cagan en los leones, cagan.

Usos:

"–Te la presto, pero cualquier rayón y tú me pagas la pintura – ¿Sabí' que más, huevona?, ¡me cago en tu bicicleta! Te la puedes meter donde mejor te quepa."

"El Pancho no está ni ahí; se caga en sus amigos; nunca los llama."

"–Pero, ¡cómo vamos a salir con esta lluvia, Manuel! –Me cago en la lluvia. Salgamos a festejar, aunque haya temporal."

"No estoy ni ahí con tus padres, María. De ahora en adelante, me cago en tu familia, que solo ha mostrado desprecio hacia mí."

"–Es que he tenido problemas, por eso no te he podido pagar... –Oye, me importa un bledo a mí eso. Me cago en tus problemas. Hace un año que deberías haberme devuelto esa plata y todavía no lo haces."

"–A ver Pedrito, dígame, ¿qué sabe usted de los españoles? –Bueno, señorita, mi papá dice que los españoles se cagan en Dios y en la Virgen, señorita... –¡Pero, Pedrito! –Y mi mami le dice que eso será allá, porque en nuestra casa solo nos cagamos en la taza."

cagarse en dos tiempos

Acobardarse; no atreverse; echar pie atrás por temor; vacilar; trepidar con aflicción; arrepentirse; sentir miedo.

La expresión se origina de una escena en la que la impresión del caso causa una doble evacuación, que cabría nombrar "evacuación diferida".

Usos:

"–¿El Andrés viene al bar esta noche? –Ese huevón mamón se caga en dos tiempos antes de pedirle permiso a su mujer. No creo que venga."

"¿Hai cachado que los abuelitos se cagan en dos tiempos? –¿Porque viven asustados, dices tú? –¡No, no!, es que cuando caminan van soltando peditos así a cada pasito, como valsecito peruano, se van cagando a dos tiempecitos."

"En la bajada se me cortaron los frenos. Me llegué a recagar en dos tiempos."

"Ese gobierno se anduvo cagando en dos tiempos con el movimiento de protesta estudiantil."

"Los pacos se cagaron en dos tiempos cuando vieron que algunos mineros en demostración andaban con cartuchos de dinamita."

"–¿Y cómo te fue en el bungy? – Compadre, cuando vi la altura me cagué en dos tiempos. Me eché pa' trás. Es que ni cagando me tiro con esos elásticos huevones de un puente pa' bajo."

cagarse en el mundo

Obrar a beneplácito propio; hacer como plazca, sin consideraciones; hacer como se quiere, sin importar los otros; no importarle nada; ser indiferente a todo; ignorar a los demás; no escuchar; despreciar a los demás; no guiarse por la opinión de los otros; no dejarse influir por las convenciones.

Diógenes es maestro grande en cagarse en el mundo.

Usos:

"–¿Sabes que más, Roberto? Me cago en el mundo. Te puedes ir con tu secretaria a París o al infierno, pero de esta casa, te vas ahora. Ah, y quiero el divorcio mañana mismo."

"Los artistas y otros faranduleros tienen que fingir todo el tiempo que se cagan en el mundo. Y se cuidan de esa imagen y se esmeran en ella y se rigen por ella y viven esclavizados por eso, pegados al espejo de "cagarse en el mundo".

"—Esa mina se caga en el mundo. Hace exactamente lo que quiere. —Claro, como su papito le paga todo..."

"No es llegar y cagarse en el mundo, te voy a decir. Hay que tener agallas y mucha fuerza para eso."

"—¡Pero a usted qué le pasa, Pedrito! ¡Cómo es eso de andar tirándose peos en plena clase! —Es que mi papá me dijo que no escuchara las burlas de mis compañeros, señorita, que me cagara en el mundo no más. Por eso señorita."

"—Yo me cago en el mundo. —¿En serio? —Claro. Hago lo que quiero. ¿Y qué? —A ver, róbate esa torta."

cagarse en la diferencia

Ser emancipado; ser independiente; desestimar las normas y convenciones; no importar la opinión de los otros; obrar con indiferencia; conducirse despreocupadamente; comportarse con superioridad; no tomar nada en serio; ser imprudente; darle todo lo mismo; no importarle nada; darle igual.

En la era postmoderna, todos se cagan en la diferencia.

Usos:

"Mire, yo ya estoy viejo para estas huevadas. Si a los vecinos no les parece que yo ande desnudo en mi patio, allá ellos. Me cago en la diferencia."

"Ese huevón hace lo que quiere. Siempre lo ha hecho. Se caga en la diferencia."

"¿Y qué que ande con un cubano? Me importa un bledo lo que diga la gente. A mí Ammiel me gusta y me cago en la diferencia."

"No voy a casarme de blanco. No me interesan esas etiquetas. Me cago en la diferencia."

"Carlitos Chaplín se cagaba en la diferencia en Hollywood; así también fue que lo echaron cagando ahí."

"–Yo me meto con mujeres y con hombres. No estoy ni ahí con convenciones y conveniencias. – ¿Podríamos decir entonces que te cagas en la diferencia?"

cagarse en los pantalones

Sentir pavor; acobardarse; no atreverse; arrepentirse.

Vergonzoso origen.

Usos:

"–Los políticos se cagan en los pantalones cuando los obreros salen a las calles a protestar; –Obvio, su bolsa y pellejo están en juego."

"–Me cagué en los pantalones y no me atreví a sacarla a bailar y después la mina ya andaba bailando con otro –La cagaste, puh hue'ón. –Sí, la cagué, hue'ón."

"–¿Y fue el mismo Manuel que te contó que se había metido con la Carmen? –No. Lo averigüé por mi lado. Los huevones son unos cobardes. Se cagan en los pantalones antes de decirte la verdad."

"Usted, Pedrito, no se cague nada en los pantalones. Si lo molesta un compañero, va y le planta un combo en la jeta y se acabó el problema."

"Los pantalones cagados se lavan. El que se caga en los pantalones, no."

cagarse en todo

No importarle nada; ser indiferente a todo; ser insensible; despreciarlo todo; repudiarlo todo; abandonarlo todo; no tener compasión; ser desalmado.

Cagarse en todo es lema tanto del absolutista como del nihilista.

Usos:

"La Vero no está ni ahí; se caga en todo; ni siquiera a sus padres respeta esa mina."

"En ese período de mi vida, me cagaba en todo: tomaba fuerte, jalaba, vivía en fiestas y en farras, andaba con ene minas, no me acordaba de nada de lo que hacía, no hacía nada productivo; hasta que de pronto, vi la luz, hermano, sí, vi la luz del Señor que me decía:

Agustín, déjate se hueviar, ¡pendejo de mierda!"

"Qué descansada vida la del que huye del mundanal ruido y se caga en todo y en todos, porque a nada le halla sentido."

"–¡Pero cómo va a faltar a esa ceremonia, don Ernesto, si es en honor a usted! ¿Se caga en todo así no más? –Me paso por el poto a mis colegas y a mi institución. Ahora que me jubilo, por fin puedo hacer como me plazca."

"El egoísmo enseña a cagarse en todos; a cagarse en todo enseña el nihilismo."

cagarse entero

Vacilar; arrepentirse; acobardarse; no atreverse; desistir; flaquear; tener miedo; sentir pavor.

En el póker el que no conoce la psicología del cagarse entero, caga.

Usos:

"La Ramona se caga entera antes de caminar sola por la playa de noche."

"El Lucho la caga pa' ser ñecla; va a comprar unos huiros y se caga entero."

"–Justo cuando el Carlos tenía que poner la firma en la petición, arrugó. –Se cagó entero. –Eh."

"–No sé lo que me pasó, me chupé y no supe cómo pedirle plata para el proyecto a don Isidoro. –Te cagaste entero."

"No nos echemos para atrás ahora, compañeros. Sigamos en la huelga hasta el final. ¡Aguante y valor! ¡Nada de cagarnos enteros!"

"–¿Y se metió al mar el Lucho contigo? –No, se echó pa' trás. Decía que era por el frío, pero yo creo que se caga entero por los lobos de mar."

cagarse todo

Vacilar; arrepentirse; acobardarse; no atreverse; retractarse; desistir; flaquear; tener miedo; sentir pavor.

Pertenece a la noble familia de los "Salpicados de Julepe", con miembros tan ilustres como "cagarse de miedo", "cagarse de susto", "cagarse en dos tiempos", "cagarse en los pantalones", "cagarse entero" y "cagarse".

Usos:

"Pero no se cague toda pues vecina, si es una alarma no más. Seguro que se trata de un gato que se atravesó por el sensor."

"Este perro no sirve para cuidar; ve una sombra y se caga todo."

"–¿Y el Manuel se tiró? –¿Ese? Decía que él no se rebajaba a tirarse amarrado con cables y elásticos por el puente pa' abajo, como si fuera una humita; pa' mí que se cagó todo cuando vio la altura."

"¿O sea que nadie aquí se mete al mar conmigo? ¿Todos se cagan todo?"

"—No sé qué me pasó. Me chupé. Es que igual ir sola a la playa con el Manuel me da cosa. —Te cagaste toda, huevona."

cagazo

Fiasco; error grave; descalabro; calamidad; desastre; mala cosa; lío; escándalo; chasco; ridículo; equivocación.

Según las últimas profecías, va a terminar siendo un cagazo la línea mamífera de la evolución, que tanto prometía.

Usos:

"¡Qué cagazo ese partido con España; los jugadores chilenos repartiendo empujones y patadas todo el tiempo. ¡Una vergüenza!"

"–Se mandó un cagazo la secretaria y la echaron del trabajo –¿Qué hizo? –Borró todos los datos de los clientes. –¡Chuuu! ¡Qué metida de pata! ¡La embarró!"

"–Apreté el botón equivocado y la máquina botó toda la cosecha al suelo, hue'ón. –¡Manso cagazo, poh, compadre!"

"Qué cagazo el partido de Brasil contra Alemania del 2014."

"–¡Quedó la escoba en el Metro! Se cortó la energía y como cien mil personas afectadas, algunas incluso encerradas en los carros sin poder salir. ¡La sola embarrada! –¡Qué cagazo! ¡Qué manera de hacer sufrir a la gente, por la chucha!"

cago de

Exceso de; mucho; en extremo; en demasía; colmo de.

Forma nominales compuestos, generalmente con sustantivos que nombran sensaciones extremas, principalmente "frío", "calor", "miedo", "susto", "risa" y "tensión".

Será sin duda un gran cago de angustia y no poca pataleta cuando se nos acabe el petróleo del planeta.

Usos:

"La cordillera nevada en Santiago, ¡preciosa! Pero el cago de frío te lo regalo."

"Esa película es un cago de miedo. No lleves a los peques ni cagando."

"Lo pasamos bien, pero el norte es un cago de calor horrible."

"Me encantó el show. Un cago de risa. Lo recomiendo."

"Qué cago de envidia me da ver a la Tere disfrutando en Porto Alegre."

"Encontraba que la vida era un cago de aburrimiento. Finalmente decidió arrojarse al vacío y zarpar al más allá."

"–¿Te gustó el viaje en el yate? –Es el cago más grande de tedio que he pasado."

cagón[1]

Que defeca frecuentemente; que depone abundantemente; que se ensucia con caca; que se ensucia en la ropa.

Preguntáronle al cuidador del zoológico qué pensaba de los elefantes. Respondióles: Son unos cagones insoportables.

Usos:

"–Esta guagua nos salió demasiado cagona, mi amor; nos va a arruinar comprándole pañales. –No hable huevadas, gordito, y cámbiela."

"Son bien cagonas las vacas, ¿no?"

"Con esta dieta ando cagona a cagarse, amigui."

"¡Perro cagón de mierda! ¡Me tienes toda la casa sucia!"

"Cagón o no cagón, yo lo amo a usted mi amor."

"Señora, señor, no sea estítico, sea cagón."

cagón₂

Defectuoso; mediocre; imperfecto; fracasado; malo; despreciable.

¿Por qué es tan cagona la tele chilena?

Usos:

"Qué cagona esta universidad. Más penca la huevá. Llevo cinco años acá y no he aprendido nada."

"–Esta camioneta que arrendamos es harto fulera, ¿sabí'? No tiene nada de fuerza. –¡Eh! Va como a tirones el motor... –O sea, el tubo de escape comienza a tirase peos a la primera cuesta. –Es verdad. Nos salió cagona la cagada esta."

"Cagona la película esa del Código de da Vinci. Mala la huevá. No me gustó pa'ná."

"He tenido puras pegas cagonas últimamente."

"Los sueldos no alcanzan pa' nada. ¡Son más cagones!"

"Dijo el gran sabio Lo-Sé: Todo lo cagón, al peo, chanta, mediocre, parche, fulero, penca, al lote, a la diabla, un chiste, pura pantalla, como las huevas, pa' la cagada, un despelote..., todo ello es posible transformar en pasta para zapatos. Yo lo sé."

cagón$_3$

Avaro; mezquino; roñoso;
pequeño; insignificante;
insuficiente.

Fácil es acusar de cagón al otro.
No es nuestra billetera.

Usos:

"No seai cagón, huevón, ¡cómo vai
a cobrarle entrada a la gente a tu
propia fiesta de graduación!"

"Bien cagona la fiesta; apretados
los compadres; no tenían ni pisco
sour."

"–Qué cagona ese huevona de la
Nacha; nunca invita y está cagada
en plata. –Sí, la Nacha es
amarrete."

"—Bien cagona la comida —¿Lo dices por lo malo? —No, por lo poco."

"—¿Y cómo va su servicio militar, mijito? —Nos dieron unas raciones todas cagonas y estuvimos marchando todo el día."

"El mundo industrial explota al tercer mundo y se hace riquísimo haciéndolo. Y bien cagón que es cuando se trata de compensar con algo toda la miseria que producen."

cagón₄

Insignificante; minúsculo; mínimo; ínfimo; menor; pequeño; despreciable.

La hormiga es un animalito cagón, que va a conquistar el mundo un día.

Usos:

"Cagona esa cabaña que arrendamos. Muy chica y sin tele."

"El viaje se hace demasiado pesado en esos asientos cagones que tienen estos buses."

"–El presupuesto para cultura es todo cagón. –Cierto, pero la cultura es toda cagona y los huevones que persiguen los fondos son todos cagones y los proyectos que se presentan son todos cagones y los burócratas que cortan el queso y reparten son también cagones; así es que mientras más cagones esos montos, mejor."

"–¿Y con esa estufa cagona vamos a calentar este invierno? –No se preocupe, mi amor, la estufa es como usted, chiquitita, pero cumplidora."

"–Y el Javier, ¿te gusta? –Es simpático, me cae bien, pero... –¿Pero? –No, nada..., pero tiene un piquito así chiquitito, todo cagón."

cague quien cague

Sin importar quién resulte expuesto y perjudicado; ceñido a la verdad y sin importar los daños a las personas; independientemente de las consecuencias; con toda entereza e integridad; sin reparos partidarios; con resolución y apego a la verdad; en competición descarnada; en pugna o torneo apegado a la naturaleza misma de las cosas.

Como es de esperar, el "cague quien cague" lo usa quien está seguro de no cagar.

Usos:

"–La justicia es ciega. Se aplica caiga quien caiga, cague quien cague. –¿Sí? Y mi abuelita es extraterrestre y le crecen alas y sale a comer ratones por las noches."

"Pase lo que pase, cague quien cague, queremos saber la verdad sobre los fondos fiscales esos de los que no hay cuenta alguna en La Moneda."

"El dios hebreo deja caer su ira, cague quien cague. El dios cristiano envía insondables misterios de la providencia, cague quien cague. Para el budismo es el karma, cague quien cague. Estupideces que inventan los pueblos, cagados de angustia al constatar que al final todos cagan."

"–Te apuesto diez mil pesos que tiembla en alguna parte de Chile mañana. –Acepto. Cague quien cague."

"Nos están investigando a todos en la PDI porque desaparece mucha cocaína incautada. Esto va a ser cague quien cague."

"Zarparemos a la mar en nuestras naves y pelearemos valientemente contra el enemigo, cague quien cague, sentenció heroico el capitán Araya; luego mandó las naves y se quedó en la playa."

dejar la cagada₁

Causar gran daño; crear graves problemas; malograr; escandalizar; alborotar; trastornar.

En el alto cielo, medita el Tatita:
con Adán y Eva dejé la cagadita.

Usos:

"Dejé la cagada en el potrero: se me olvidó cerrar la acequia y andan las vacas buceando allá adentro."

"–La Ignacia se curó y dejó la cagada en la fiesta; empezó a insultar a todo el mundo y luego se puso agresiva y tuvimos que llamar a su hermano pa' que se la llevara. –Chuuu. La mansa cagadita."

"Les presto la cabaña este fin de semana, pero, por favor, no me vayan a dejar la cagada como la otra vez, ¿ah?"

"Los estudiantes dejaron la mansa ni-que-te cagada en el centro."

"Llega un gobierno a ver la cagadita que dejó el anterior. Se va dejando otra cagada. Allá llega el próximo olfateando por la Moneda a ver dónde quedó esa nueva cagada... Y así sucesivamente."

"¡Déjate de dejar la cagada todo el tiempo, chiquillo huevón! ¡Hasta cuándo haces sufrir a tu madre!"

dejar la cagada₂

Causar sensación; fascinar; deslumbrar; impresionar; conmocionar; sobresalir; brillar.

Se emplea en general para la atracción sensual, preferentemente sexual, pero también de otras sensaciones placenteras, como las visuales y las gustativas. También tiene curso en conmociones profesionales, intelectuales y otras.

Hay cuerpos que dejan la cagada... y cagadas que dejan el cuerpo.

Usos:

"–Con ese traje vas a dejar la cagada en la fiesta, amigui. –¿Tú crees? –Sí, de todas maneras. Con ese matas."

"Ese chef peruano deja la cagada. No hay nada mejor en todo Santiago."

"El Roberto es tan guapo. Deja la cagada. Las huevonas babean al verlo."

"–Con esta *after shave* dejo la cagada con las minas, compadre. –Vos, poh, el más cachero."

"Es un artista de primera. Su fotografía deja la cagada. Cada motivo impacta."

"Esa mina deja la cagada donde va. Es más rica la huevona."

"Cada vez que publica algo, deja la cagada. Es un escritor siempre profundo y novedoso."

entrar a cagarla

Producir estragos desde el momento mismo de integrarse a un trabajo o emprendimiento; trastornar o deteriorar el novicio su entorno; comenzar fallando en alguna actividad; iniciar desastre; causar deterioro inicial; provocar daño al comienzo de la tarea; deslizarse el desastre; propagar el cataclismo.

La forma "venir a puro cagarla" es parcialmente equivalente a esta entrada más concisa (ver ejemplos bajo "puro cagarla").

Con Gandhi al menos pudieron arreglarse, pero Sócrates y Jesús entraron a cagarla en grande.

Usos:

"–Cacho que ese jugador entró a puro cagarla a la cancha. No oó pa'

142

qué lo puso el DT. –¿Y vos? ¿Te creí' Bielsa acaso?"

"–¿Sabe, don Alfonso?, tengo ideas novedosas para su empresa. Hay tanto que puede mejorar aquí... –No la entre a cagar pues, Panchito. Quédese quietecito al comienzo; no haga olitas. Así, de a poco, le va a ir bien. ¿Estamos?"

"–Cuando estallaba el movimiento estudiantil, en plena cagada, el otro se mete en la cueca brava y sale con una reforma educacional ad hoc y le pone el nombre de un concurso: GANE. ¡Será huevón! –Ahí entró a cagarla el maestro Piñera, cacho. –¡Eh!"

"Los católicos conservadores opinan que este papa entró a cagarla con su apertura hacia las minorías sexuales."

"Oye, Caifás, este huevón del Jesús entró a puro cagarla no más, ¿no te parece?"

"El resentimiento es peligroso y los políticos deben manejarlo con cuidado. De otro modo, pueden entrar a cagarla."

estar cagado

No tener escapatoria; padecer dificultad sin solución a mano; no tener salida; enfrentar dilema sin escapatoria; estar en graves problemas; pasar por un mal momento; estar mal.

Es significado que flota con facilidad de la incómoda y vergonzosa condición literal que lo origina. Piénsese el lector cagado en su ropa, con la mierda solo sostenida por la prenda interior, rodeado de gente, en plena actividad social. ¿Qué hacer? ¡Horrible dilema! Si me quedo, mal, si me muevo igual. Estamos cagados por donde se nos mire.

Usos:

"Estamos cagados, compadre. Vamos a tener que pintar esa casa de nuevo, porque la pintura barata que le pusimos ya se descascara y la vieja amenaza con demandarnos."

"–¡Ahora sí que están cagados los argentinos! –Se pasaron. ¡Qué crisis más larga esta!"

"Estoy cagada, huevona; como hicimos separación de bienes al casarnos, el huevón del Miguel se queda con la casa sí o sí después del divorcio."

"–¡Chuchas! –¿Qué pasa, gordita? –Estamos cagados mi chanchi. Muestra positivo el test de embarazo."

"–Estai cagado; no quedaste en la U. Vai a tener que trabajar no más y apoyar la causa acá en la casa. – Ni cagando, viejo. –¿Y qué vai a hacer, huevón? ¿El servicio militar?"

estar la cagada

Haber desorden; haber escándalo; reinar el caos; existir gran confusión; haber algarabía; producirse bataola; manifestarse discordia.

Cuando esté la cagada en países como Suiza y Suecia es hora de abordar la nave intergaláctica, porque está la cagada en el mundo entero.

Usos:

"Cuando llegué al centro ya estaba la cagada: todos corriendo, arrancando a gritos del guanaco y de las bombas lacrimógenas."

"Sigue estando la cagada en Irak."

"Está la cagada en esa relación. Se gritan todo el día esos dos. Yo creo que se van a separar."

"Dicen que está la cagada en Aysén, que el gobierno tiene sitiados a los aiseninos y los atacan por las noches con Fuerza Especiales."

"En este país está la cagada siete días a la semana."

"Está la cagada en el Metro. Amenaza de bomba de nuevo."

estar pa' la cagada

Estar muy mal; estar en mal estado; sentirse mal; conducirse de manera ostensiblemente desatinada; comportarse aberrantemente; pasar por un pésimo momento; sentirse abatido; estar decaído; hallarse deprimido; lucir deteriorado.

¿Solución al dolor existencial? Simple. Uno va al médico y le dice: Doctor, estoy pa' la cagada. Me duele todo. Recéteme harta morfina, por favor.

Usos:

"Estuve pa' la cagada un tiempo después de salir de la cárcel, pero ahora me va bien de nuevo vendiendo cocaína."

"Con tanta estufa a leña, el aire de Temuco está pa' la cagada."

"Pero esta bicicleta está pa' la cagada. No sirve. Ni cagando la compro."

"La Moneda estuvo pa' la cagada un buen tiempo, pero ahora se ve bien de nuevo, al menos su fachada."

"La calidad de vida en Santiago está cada vez más pa' la cagada."

"–¿Has visto al Roberto? –Sí, lo vi regando el antejardín de su casa el otro día. Estaba pa' la cagada el pobre. Parecía Robinson Crusoe."

hacer caca

Defecar; evacuar.

Cuando el acto es involuntario se dice "hacerse caca", lo que no es ninguna gracia. Consumado la anterior uno "está hecho caca", lo que solo prolonga e intensifica el suplicio.

Usos:

"–¿Y el Pedrito, mi amor? –Está haciendo caca."

"Ojo al andar por las veredas, que los quiltros hacen caca por todos lados."

"–Parece que la guagua se hizo caca. –Yo creo, porque yo no fui."

"No hay que hacer caca en un bus interurbano porque el olorcito deja la cagada."

"–Parece que el abuelo se cagó,
mami. –Se dice "está hecho caca",
Pedrito. –Eso mismo mami, que
está cagado."

"–Pero, Madre Superiora, ¡cómo es
esto de que necesita más
presupuesto! –Es que, Monseñor,
es para pañales. ¡Qué manera de
hacer caca los abuelitos!"

hacer cagar

exigir demasiado, especialmente a
una máquina; imponer esfuerzo
excesivo; malograr por sobreuso;
malograr por uso intenso indebido;
destruir por mal uso; consumir
abusivamente.

*Los gobiernos hacen cagar el
presupuesto nacional. Luego,
cubre el cobre. El hoyo de Chuqui
va tapando ese otro hoyo.*

Usos:

"Me hicieron cagar el auto los
pendejos. Me fundieron el motor.
Nunca más se los paso."

"No me haga cagar la secadora de
pelo, gordito. ¿No ve que no es para
secar ropa?"

"Hicieron cagar el ascensor de
tanta carga que ponían."

"Le han hecho cagar los discos al Rodrigo; por eso no presta más sus vinilos."

"Nos hicieron recagar la sierra eléctrica esos nuevos empleados."

"Entre los militares y los políticos hacen cagar el sueldo de Chile."

"Hice cagar el tractor arando ayer."

hacer puras cagadas

Cometer errores todo el tiempo; arruinar las cosas; fallar constantemente; pifiar continuamente; equivocarse seguido; no servir; no atinar; ser disfuncional; ser un fracaso; errar; fallar; malograr; estropear.

Como se dirá en su lugar, es melliza de "puro cagarla", pero es más explícita, más enfática.

Es el lema subconsciente del dirigente.

Usos:

"Manitos de hacha ese sobrinito tuyo. Hace puras cagadas no más."

"Estos jornaleros la embarraron desde que llegaron. Parece que no hubieran trabajado nunca en el campo. Hicieron puras cagadas."

"Daniel el Travieso hace puras cagadas no más."

"Ese perro hacía puras cagadas. Cuando ya empezó a matar el ganado, lo saqué con viento fresco del fundo."

"–Mejor no trabajes con el Víctor Manuel. No te va a ir bien. –¿La caga demasiado? –Eh, hace puras cagadas no más."

"–Una cagada tras otra: tus hijos hacen puras cagadas no más, parece. –Ay, mami, es que no están acostumbrados a cuidar una casa."

la cagada

Irrumpió el escándalo; se manifestó el lío; se produjo el alboroto; el desenfreno; el desmadre; el colmo; la debacle.

El trabajo del gobierno es decir: ¡no pasa nada! El de la oposición: ¡la cagada!

Usos:

"La cagada en el Metro: amenaza de bomba y las puertas cerradas y nosotros sin poder arrancar. Imagínate la cagadita adentro."

"¡La cagada, compadre, la cagada! Está la zorra adentro en esa disco: minas bailando en pelota, pitos, jales, de todo."

"–Oye, la cagadita, ¿ah? –¿Qué onda? –¿No sabí? Una banda se robó como cuatro mil millones de pesos a plena luz del día en pleno aeropuerto de Santiago."

"–¿Cómo están las cosas en la universidad, colega? –La cagada no más, pues. –¿Qué pasó? –Nada, lo de siempre: no hay competencia, no hay becas, no hay investigación, no hay libros, no hay computadoras, no hay papel confort. La cagada, colega, la cagada."

ley de Moraga, el que caga, caga

Dejado al azar y con riesgo; expuesto a la fatalidad; el que pierde se jode; echado a la suerte; suerte o ruina; al que le toca la mala suerte, le toca; resultado desfavorable sin apelación; cada uno se las arregla como mejor pueda; la ley de la selva; sálvese quien pueda.

Se dice para significar el azar desfavorable, la ciega mala fortuna, el desastre fortuito, etc. Se usa a menudo antes de prueba, echada a la suerte, competencia o intento en el que el perdedor resulte particularmente perjudicado. Como su forma ya indica, lleva el énfasis en quien pierde, más que en quien gana. Se emplea frecuentemente solo una parte del compuesto para significar el todo, ya sea "Moraga", "ley de Moraga", "el que caga, caga" o "Moraga, el que caga, caga".

Dice el Diccionario de Consultas de la Real Cagademia de la Lengua: Moraga:(a) lugar de la mala suerte, (b) abreviatura de "Estado de Chile".

Usos:

"En este país los niños nacen bajo la ley de Moraga, que el que caga, caga."

"–Ya compadre, cague quien cague, lo tiramos a la suerte; el que saca la carta más baja, se hace responsable y paga el arreglo –Vale, la Ley de Moraga, el que caga, caga."

"–A ver Pedrito, ¿cuál es el primer mandamiento, la primera ley de dios? –La ley de Moraga, señorita, el que caga, caga."

"–¿Juguemos al póker sexual, gordita? –Mejor al cara y sello, gordito. Más corta y Ley de Moraga, el que caga, caga."

"–Si no ahorraron en un fondo previsional, cagaron no más. El estado les pasa cien dólares y ya. – Pero cómo tan Moraga el sistema. – Así es la cosa, el que caga, caga."

"La Justicia en Chile no es na' ciega; no es na' Moraga. Aquí el que tiene plata, no caga."

mansa cagadita

Qué desastre; qué calamidad; qué escándalo; qué confusión; qué desorden.

Esta frase va muchas veces con el artículo definido y, no pocas, acentuada con el intensificador "ni-que-te".

Había una mansa cagadita en Sodoma y en Gomorra, cierto, pero la mansa cagadita que les dejó caer Dios después fue pior.

Usos:

"Mansa cagadita que quedó en Nueva York con lo de las Torres Gemelas."

"–Se armó una mansa cagadita en el Supermercado: A una vieja le robaron la cartera adentro y llamó a los pacos y alegaba que era responsabilidad del local. –Si ocurre adentro, sí poh."

"Los travestis tenían la mansa cagadita en la calle."

"La mansa ni-que-te cagadita que quedó en Concepción con el terremoto: todo en el suelo, sin agua, sin luz, sin gas, incendios, saqueos... Un infierno."

"–¿Y esta mansa cagadita que tienen en el cuarto, chiquillos? –No mami, es que estamos preparando un proyecto para trabajos manuales."

"Estos perros de mierda tienen la mansa cagadita en jardín."

más cagado que la chucha

Muy mal; pésimamente; afligido; acongojado; en graves dificultades; con graves problemas; peliagudo; sumamente arduo.

En esta expresión, "la chucha" no es el término de una comparación, sino que, junto con "más que" equivale a "muy" y a "mucho". Es un superlativo común en el registro popular, que funciona en forma autónoma o bien incorporando elementos, acuñando infinitamente bajo su sello: "–Lo pasaste bien? –Más que la chucha", "Estoy más cansado que la chucha", "Tengo más hambre que la chucha", "Andábamos más perdidos que la chucha", "Comimos más erizos que la chucha", "Lo pasamos más bien que la chucha", "Tomamos más que la chucha", *"Últimamente escribo más cagadas que la chucha"*, etc.

Usos:

"–Estamos más cagados que la chucha, Roxana. Con esta tormenta, imposible volvernos Santiago, y no tenemos señal. ¿Estarán preocupados tus padres? –Más que la chucha. Es primera vez que no llego a dormir a la casa."

"Después de la explosión los oídos nos quedaron más cagados que la chucha."

"En Arauco la gente vive más cagada que la chucha."

"–¿Qué te pasa que andas tan mal? –Tengo la espalda más cagada que la chucha. Apenas puedo caminar de dolor."

"Los mineros tienen un trabajo más cagado que la chucha."

"–¿Cómo estás, amigui? –Más cagada que la chucha. ¡Imagínate, mi propia hermana! Pero se me va a pasar. Tengo que olvidar a ese idiota del Carlos. Eso es todo. Claro que a mi hermana no se la perdono jamás."

Más cagado que... *palo de gallinero*

Muy mal; pasando por un muy mal momento; en dificultades; con problemas; en graves apuros; padeciendo estrechez económica; acongojado.

Es la coda más famosa en un inventario abierto que registra nuevos miembros de cuando en cuando. La forma de fondo o pie forzado es "Más cagado que...". Entre los llenados más conocidos están:

Más cagado que pañal de guagua

Más cagado que baño público

Más cagado que columpio de canario

Como se dijo, el pie forzado llama al ciudadano lingüísticamente responsable a llenar con material nuevo, por ejemplo:

Más cagado que el Arca de Noé

Más cagado que corral de chancho

Más cagado que techo de iglesia

Más cagado que mono en leonera

Más cagado que chancho en
Cecinas Llanquihue

Usos:

"–¿Cómo anda, compadre? –Más
cagado que palo de gallinero. –
Pero, ¿qué le pasa? ¿Se murió
alguien? –No, los abogados no solo
se comieron la herencia, esos hijo
de puta, sino que ahora dicen que
les debemos los honorarios."

"En esos años estábamos más
cagados que palo de gallinero.
Después nos fue yendo mejor y
ahora ya tenemos dos kioscos acá
en el centro."

"Pobre Manuel, lo veo más cagado que palo de gallinero desde que lo dejó la María."

"Esa pobre gente en Dichato con el maremoto quedó más cagada que columpio de canario."

"Aquí estamos, más cagados que techo de iglesia; con la lluvia hasta el cogote, anegados, sin poder salir a comprar ni pan siquiera."

ni cagando

Rotundamente no; absolutamente no; categóricamente no; jamás lo haría; eso nunca; ni por nada del mundo; por ningún motivo; olvídate; ni lo pienses; no ocurrirá.

Propongo el siguiente fresco en el Congreso Nacional: Una hilera de parlamentarios sentados cada uno en su retrete. El cuadro se llama Ni Cagando.

Usos:

"–Compadre, me presta diez luquitas. Se las devuelvo el lunes – Ni cagando."

"Le dije que ni cagando le pasaba el auto. Es demasiado irresponsable."

"Yo no vuelvo a esa empresa ni cagando. Es demasiado aburrido todo y la paga como las huevas."

"–¿Tú volverías con el Manuel? –Ni cagando."

"–Yo creo que este gobierno sí arregla el tema educacional –¡Estai más huevona! ¡Ni cagando! Si esa es la zanahoria pa' mover el molino... y los burros somos nosotras, las madres de Chile."

"–Algún día, amigo mío, Chile construirá sus propias naves espaciales y enviará chilenos a conquistar las galaxias... –Ni cagando."

"–A ver Pedrito, sinónimos de *No*. –¿De *No* Señorita? –Sí, pues, Pedrito, para toda la clase, sinónimos de *No*, y que se oiga clarito. –Ya. Hmm..., de *No*, a ver: Las pinzas, las huifas, las huevas, tapita, pico, pichula, ni cagando."

no hacer más que comer y cagar

Ser flojo; ser inútil; ser parásito; no ayudar en nada; no colaborar en la casa; no hacer nada; vivir ociosamente; gozar la vida; dejarse servir; vacacionar; descansar.

Se dice a veces del joven o adolescente que aún pulula en la casa sin atinar a ganarse la vida.

Eso era todo lo que hacían Adán y Eva, hasta que los pillaron chanchito.

Usos:

"–¿Y tu hijo? –Ese huevón no hace más que comer y cagar. En cualquier momento le digo que se vaya cagando de la casa. –Te creo."

"Pobre Martita, sus cabros chicos salieron tan inútiles. Todavía siguen viviendo con ella y ya tienen como treinta años. Y ni trabajan. No hacen más que comer y cagar."

"En el crucero no hacíamos más que comer y cagar, todo el santo día."

"–¿Y qué tal te trata el sur, Mario? –Lo paso la raja acá, compadre. No hago más que comer y cagar."

"Gordita, y si nos vamos de vacaciones a Cancún y nos relajamos y no hacemos nada más que comer y cagar... Bueno, y culiar también, pues. –¡Culiar quería!"

no se caga donde se come

Evita el sexo con cercanos a tus superiores; no se debe obtener provecho sexual en el entorno desde el que se obtiene provecho formal; no tengas amoríos con tus colegas; prescinde de romances en el lugar de trabajo.

Es dicho de expansión internacional y el tabú que impone es primeramente sexual, pero puede aplicar a otras relaciones y provechos reprochables.

No hay conversión estricta en el origen: *No se caga donde se come* no equivale estrictamente a *No se come donde se caga*, pero nadie se bota a lógico en estas materias.

En el plano figurativo, *cagar* es lo sexual, de modo que es LO SUCIO, en tanto que *comer* es el provecho formal, el sustento diario, LO ECONÓMICO.

Por más que lo intentan, las moscas no entienden este dicho.

Usos:

"–Supiste que el Javier se metió con la hija del jefe. –Qué huevón más tonto. ¿No sabe que no se caga donde se come?"

"–El dueño de la viña nos mostró las barracas y luego nos dijo que no nos metiéramos con las nanas del fundo, que al que pillaba en esas se iba cagando al tiro. –Obvio, si es mejor no cagar donde se come."

"Me tiraba los cagados la señora de la casa, pero ahí soy jardinero desde hace años, y yo no cago donde como."

"Compadre, las minas de esta empresa son todas ricas, pero, ya sabe, no se caga donde se come."

"Yo sabía que no había que cagar donde se come, pero con una mina

como la Rosita esos dichos se van
literalmente a la chucha."

"Los animales saben que no se caga
donde se come, ni se mea donde se
bebe, pero no la parte metafórica.
Hasta ahí no más llegan."

pa' la cagada

Mal; pésimo; estropeado; dañado; destruido; devastado; colapsado; abatido; aplanado; deshecho; inservible; despreciable; defectuoso; de mala calidad.

Diáfana gema del tesoro léxico nacional, todo clarito se ve por su cristal.

Usos:

"El servicio, pa' la cagada, la comida, pa' la cagada, la piscina, pa' la cagada, las camas, pa' la cagada. Este hotel la cagó pa' ser como las huevas. Todo es pa' la cagada."

"Hacen esos edificios con departamentitos ínfimos y pa' la cagada, y la gente pagando toda su vida por esas cagadas chicas."

"—La educación pública en Chile es pa' la cagada. Las universidades chilenas son pa' la cagada. El aire en Santiago es pa' la cagada. La calidad acústica, pa' la cagada. El transporte público, pa' la cagada. Los sanitarios públicos, pa' la cagada. —Oiga, pero usted lo encuentra todo pa' la cagada, pues. No puede ser. No sea tan pesimista. —Pero si es un diccionario de cagadas, pues, ¿qué quiere?"

"—A ver Pedrito, deme sinónimos de *mal*. —¿De *mal*, Señorita? —Si pues Pedrito, ¿escucha mal? Y fuertecito para que oiga toda la clase. —Ya, a ver... *Mal*: penca, fulero, rasca, como el ajo, como el forro, como el hoyo, como el hoyín, como las pelotas, como las huevas, pa'l gato, pa' la cagada."

puro cagarla

Cometer errores todo el tiempo; arruinar las cosas; fallar constantemente; pifiar continuamente; equivocarse seguido; no servir; no atinar; ser disfuncional; ser un fracaso; errar; fallar; malograr; estropear.

Es sinónimo (parcial) de "hacer puras cagadas".

Mientras más espacio para que los niños la puro caguen, más civilizado el lugar.

Usos:

"–Van becaditos a esos doctorados para el tercer mundo de los europeos y vuelven a puro abanicarse con su diploma y no hacer nada –O a puro cagarla, si hacen algo."

"Pero usted la puro caga, pues. ¿Cómo se le ocurre dejar a los perros sueltos en el pasillo del edificio? ¿No ve se cagan por todo el pasillo? Ahora hay que ir a limpiar."

"Salió a puro cagarla ese jugador a la cancha. No ha hecho nada bueno y ahora metió un autogol el huevón."

"—¿Y qué tal la nueva vendedora que llegó? —¿La Alicia? Anda puro cagándola esa mina. Se mete con todos los huevones y queda la cagada con las otras minas en la oficina."

"La estamos puro cagando con esos fondos mutuos, mi amor. Deberíamos invertir la plata en otra cosa."

"Tu hermano vino a puro cagarla a esta empresa. No ha hecho nada bueno desde que llegó."

quedar la cagada

Producirse alboroto; haber escándalo; haber caos; haber jaleo grande; deteriorarse todo; producirse falla mayor; ocurrir desastre.

Ocurre frecuentemente en la conducción de Chile que queda la cagada y, milagro de milagros, nadie la ha dejado.

Usos:

"—Es raro que no hayamos sabido nada de la Nancha, ¿no te parece? —¿No supiste? Quedó la cagada. La pillaron con coca unos tiras y la mina está arrestada."

"—Me dijeron que había quedado la cagada en el sur con las lluvias. —Lo de siempre. Se caen los puentes, se anegan las casas, se cortan los caminos. Todos los años lo mismo."

"Quedó la cagada en el centro. Los estudiantes paralizaron todo desde Plaza Italia hasta Los Héroes."

"–¿Cómo les fue con el terremoto y el maremoto en Pichilemu? –Acá no fue para tanto. No quedó tanto la cagada, por suerte."

"Quedó la cagada en la empresa. No se pagaron los sueldos. Parece que los dueños apretaron cueva y están en Miami con platas que se robaron."

"En ese partido quedó la cagada. Los hinchas del Colo se agarraron con los de la Chile y casi incendian todo el estadio los imbéciles."

quedar pa' la cagada

Estropearse; quedar en mal estado; quedar inutilizable; ser derrocado; ser abatido; malearse; descomponerse; resultar dañado; resultar mal herido; resultar pésimamente afectado; salir deshecho de un asunto; desalentarse; quedar aplanado; agotarse; extenuarse.

Los arreglos de los políticos son arreglines, por eso queda todo pa' la cagada.

Usos:

"El pueblo de Chépica quedó pa' la cagada después del terremoto."

"–Gordita, el auto nos quedó pa' la cagada, ¿sabe? –Yo le dije, mi amor, que mejor arrendábamos para ese viaje. Si el nuestro es un vehículo para la ciudad, no para el campo."

"–¿Cómo está el Lucho, compadre? –O sea, sobrevivió el choque, pero quedó pa' la cagada."

"Oiga, maestro, pero esta ducha le quedó pa' la cagada, pues. ¿No ve que se gotea por todos lados?"

"Con nuestros *maestros* de la política quedan los arreglos pa' la cagada."

"Después del divorcio, quedé pa' la cagada, amigui. Pero ahora encontré al Pancho y, aunque no es perfecto, me llena el alma de vida de nuevo."

"Después que quebró su empresa, el Roberto quedó pa' la cagada. No salía, no veía a nadie, ni comía siquiera."

"Quedé pa' la cagada después de ese partido. No me podía mover. Me dolía todo el cuerpo."

sacar cagando

Echar bruscamente; expulsar; despedir; echar a una persona de un puesto de trabajo u otro cumplimiento o posición similar; extraer con urgencia.

Así es, a Adán y Eva los sacaron cagando del paraíso.

Usos:

"Al Alfredo lo sacaron cagando de la casa de la polola. Parece que la mina está embarazada y el viejo se chorreó. Se me va cascando de aquí, le dijo."

"Mira, yo, por mí, lo saco cagando de aquí. Pero no tiene ni uno; está más cagado que baño público el compadre, así es que me voy a aguantar una semanita y de ahí le digo que se vaya."

"—¿Y qué hiciste con esos perros salvajes que se te metieron en el gallinero? —Los saqué cagando a escopetazos. Uno quedó muerto ahí mismo."

"Nos sacaron cagando del restaurante ese, por curaos."

"Miren, a la próxima cagada que me dejen en la casa, aunque sean mis hijos, los saco cagando de aquí."

"Saca cagando a tu hija de esa universidad mira que es tiempo y plata perdida."

salir cagando

Salir disparado; arrancar; escapar rápidamente; abandonar con prisa el lugar; dejar rápida y repentinamente el lugar; fugarse; correr; apresurarse; acelerar; ceder forzosamente el puesto.

¡Y pensar que venimos de un salir cagando de millones de espermatozoides hacia una meta ciega!

Usos:

"Cuando abrí la puerta, salieron cagando dos gatos por el pasillo."

"–¿Has visto al Manuel? –Lo vi salir cagando de aquí, corriendo hacia la plaza hecho un cohete."

"Eché bencina, y antes de prender el fuego, salieron las avispas cagando del nido... y yo tuve que salir cagando de ahí también."

"—Ni que hubiera visto un fantasma la Mónica. —¿Por qué lo dices? —Salió cagando de la casa. —¿No habrá pasado algo? —Nada, el pololo que la llama y la huevona corre babeando."

"Por suerte salí cagando del mar cuando caché que temblaba. Si no, estaría muerto."

"—A ver Pedrito, sinónimos de *arrancar* —¿De *arrancar* Señorita? —Sí pues Pedrito, sinónimos; y bien clarito para que oiga toda la clase. —A ver, de *arrancar*, sinónimos... Ya: cascar, rajar, apretar cachete, apretar cueva, apretar raja, salir hecho un peo, salir cagando."

si te acuestas con guaguas, amaneces cagado

No te quejes de infortunios si trabajas con novatos; no puedes esperar otra cosa de ineptos; con inexpertos no se logra el resultado deseado; ojo con meterse con incapaces; ese efecto negativo es consecuencia de un mal colaborador; ese daño se produce por elegir malos empleados; el desastre no es gratuito, sino causado por aquel con quien te metiste.

Es dicho español antiguo y difundido. Versiones tradicionales del refrán son: "Quien con niños se acuesta, mojado se levanta", "Quien con niños se acuesta amanece cagado" y "Quien con niños se acuesta amanece mojado".

Claro que –hay que decirlo–, hoy por hoy, hay muy buenos pañales.

Usos:

"—Puchas, voy a tener que pintar yo la casa. Todo de nuevo. Los chiquillos la dejaron peor que antes. —Yo te dije, gordito, que esa era pega de grandes. —Cierto. Si te acuestas con guaguas, amaneces cagado."

"—He tenido problemas con el estudiante que colabora en este proyecto de investigación. No está a la altura en estadística. —Si te acuestas con guaguas, amaneces cagado."

"—Esos maestros me dejaron la cagada en el baño. Eso me pasa por contratar gente inexperta y sin recomendaciones. —Si te acuestas con guaguas, amaneces cagado."

"—Mi amor, ¿qué es esa mancha amarilla que tiene en el babydoll? —Ay, es caca de la guagua, por la chucha. —Pero, gordi, ¡se me corta la leche! Deje que el bebé duerma en su cuna, pues. No ve que si se

acuesta con guagua, amanece
cagada."

tener ganas de cagar / dar ganas de cagar

Sentir deseos de defecar; sentir el impulso por evacuar.

Junto con "tener/dar ganas de hacer caca", son expresiones estándares para ese significado.

Menos mal que el cuerpo avisa, ¿no?

Usos:

"–Tengo ganas de cagar. –Es porque estamos fumando. Dan ganas al tiro con el cigarrillo."

"–¿Vamos a ver minas a ese café con piernas, compadre? –Bueno, pero me dan ganas de cagar cuando tomo café. –Puta que soi romántico, huevón, la cagaste."

"–Cuénteme, ¿cuál es su problema?
–Doctor, es que no me dan ganas
de cagar."

"Miraba el techo todo el día. No
quería hacer nada. Estaba tan
deprimido que ni de cagar me
daban ganas."

"–¡Mami, tengo ganas de cagar,
mami! –De hacer caca, se dice,
Pedrito. –Bueno, mami, pero
apúrese, que si no me cago en los
pantalones."

tener la boca llena de caca

Ser de habla grosera; decir injurias y vilipendios; insultar y maldecir; hablar con garabatos; emplear palabras reprochablemente vulgares; ser de expresión ordinaria, baja y ramplona.

No para un Dalí, acaso para un Buñuel, ciertamente para un John Waters.

Usos:

"Oye, la señora toda cuica y del barrio alto, pero cuando se enoja tiene la boca llena de caca."

"–Al vecino se le caen las chuchadas en cada frase que dice. –Sí, ¡horror! Tiene la boca llena de caca."

"–Pedrito, no diga garabatos. ¡A su edad y con la boca llena de caca! – No mami, si es chicle no más."

"El Ministro este es demasiado huevón. Le dijeron que los niños tenían la boca llena de caca y mandó a repartir cepillos de dientes por las escuelas."

"En La Vega tienen lleno de fruta linda los verduleros, pero la boca la tienen llena de caca."

"Dijo *caca* tres veces, así es que tiene la boca llena de caca."

tener la cagada

Sufrir desbarajuste; pasar por estado de caos; padecer desorden y confusión; imperar la desorganización; padecer desarreglo emocional o mental.

Así es, otra entrada más que recoge un trocito de nuestra sociedad.

Usos:

"Tenemos la cagada en la empresa. Yo creo que quebramos este año."

"Tengo la cagada en la casa: estamos sin agua, sin luz, cagados de frío y todo patas pa' arriba con maestros trabajando hace un mes."

"Tenía tan la cagada en mis finanzas que tuve que pedir un préstamo para sanearlo todo y así preocuparme de una sola deuda."

"Esa mina tiene la cagada en la cabeza. Mejor ni meterse con ella, compadre."

"–Tenemos la cagada en educación y tenemos la cagada en salud. – Pero en vinos estamos bastante bien."

"Los gringos tienen la cagada en el Medio Oriente."

todo cagado

Muy mal; apesadumbrado; aquejado; afligido; acongojado; enfermo; angustiado; en mal estado.

Cuando los echaron del Edén, ¡por Dios que anduvieron todo cagados Adán y Eva!

Usos:

"–Lo vi todo cagado al Manuel. –¿Qué onda? –No sé, parece que la María anda con otro huevón."

"–¿Has sabido del Andrés? –Nada. Solo que quedó todo cagado con la muerte de su madre."

"Después del accidente, don Alfonso anduvo todo cagado un buen tiempo, como un año, cacho."

"Con el maremoto, perdí mi casa y mi trabajo en Talcahuano. Quedé todo cagado."

"—¿Y los González? —Puchas, los vi todo cagados, con la casa en el suelo después del terremoto."

"—Daba lástima, fíjate: todo cagado, sin plata, sin casa, sin familia, botado en la calle pidiendo. —¡Y tan próspero que fue en su momento! — Lo que es la vida, ¿no?"

todo cagón

Poco; corto; chico; insuficiente;
despreciable; insignificante;
menguado; ridículo; mísero;
miserable; mezquino; roñoso.

*Dios fue generoso con Chile y su
mar, pero le estrechó el cuerpo,
todo cagón.*

Usos:

"–¿Y qué tal tu sueldo en la nueva
pega?" –Una mierda. No alcanza ni
pa' la micro. Un sueldo todo
cagón."

"Es un escándalo las jubilaciones
todas cagonas que nos dan
mientras las financieras se han
hecho mil veces ricas con nuestros
ahorros impositivos."

"Me dieron una porción toda
cagona de carne."

"Con esta beca toda cagona no me compro ni el papel confort del mes."

"–¿Y qué tal lo tiene el Roberto? – ¿El Roberto? Bien. O sea, tiene una cosita toda cagona, pero él bien."

"El huevón del Ignacio es todo cagón. Tiene un fundo la raja y jamás he escuchado que se raje con un asadito o algo."

Ediciones Satori

悟
り

CreateSpace, Amazon Company

Busca títulos Satori en Amazon

Escríbenos a:

edicionessatori@gmail.com

Otros libros relacionados del autor en Ediciones Satori:

Claves para tu Fluidez Comunicativa (2012)

Diccionario de Chileno Actual. Volúmenes I y II (2012)

Diccionario de Obscenidades (Segunda Edición, 2012)

Diccionario del Habla de Chile (Tercera edición, 2013)

Diccionario de Huevadas Simples (2013)

Diccionario de Huevadas Compuestas (2013)

Diccionario General de Huevadas de Chile (2013)

Huevonario. Diccionario de Huevonés, Lengua de Chile (2013)

Libro del Huevón (2013)

Otros libros del autor en Ediciones Satori:

Sátira y crítica política y social

An American Aphorist (2012)

Contra Políticos (2013)

El Aforista (2012)

Guía Teletónica de Chile (2012)

Más allá del Noveno Anillo (2012) (Libro que recopila una serie de artículos críticos sobre la sociedad chilena de hoy, vista en momentos particulares y reveladores, eventos de renombre político, cultural, o catastrófico que se vivieron en el período 2010-2011.)

Historieta

El Asesinato de Bea Le Chic (2013)

Literatura infantil

El Libro en la Piedra (2013)

Textos académicos

Estructuras del Diálogo (Segunda edición revisada y corregida por el autor, 2013)

La Argumentación (Segunda edición revisada y corregida por el autor, 2013)

Lenguaje, Conocimiento, Comunicación. Conversaciones desde el exilio académico y la clandestinidad ciberespacial (2013)

Manual y Taller de Puntuación y Escritura (Segunda edición revisada y corregida por el autor, 2014)

Metáfora y Lingüística Cognitiva (Segunda edición revisada y corregida por el autor, 2013)

Taller de Español Avanzado (Segunda edición revisada y corregida por el autor, 2014)

Wittgenstein y Chomsky en Contrapunto (2013)

Algunos títulos de Juan Rivano publicados en Ediciones Satori

Autobiográficos

Cuaderno de Notas (2013)

Evocaciones (2014)

Textos académicos

Lógica Práctica y Lógica Teórica (2012)

Contra Sofistas (Segunda edición, 2013)

Doctrinas de Eclesiastés (Segunda edición, 2013)

Diógenes (Segunda edición, 2013)

La Teoría de los Afectos y la Noción de Script en Tomkins (2014)

Sobre el Vínculo Cultural (2014)

Durante los Largos Años de mi Exilio (2014)

Silabario Político (Segunda edición, 2014)

Enajenación (Segunda edición, 2014)

Neodarwinismo Cultural. De memes y creencias (2014)

Novela

La Saga de los Milenios (2013)

Otros títulos de Ediciones Satori

María Francisca Cornejo, *Adivinadores de la Fortuna y Leedores de la Vida. El Tarot y su Gramática* (2013)

Eduardo Naranjo, *Largo Viaje por la Vida de Juan Rivano* (2014)